GEORGE DURUY

PROFESSEUR D'HISTOIRE ET DE LITTÉRATURE
A L'ÉCOLE POLYTECHNIQUE

École et Patrie

L'HISTOIRE DE FRANCE A L'ÉCOLE PRIMAIRE
IL Y A VINGT ANS — L'HISTOIRE DE FRANCE
A L'ÉCOLE PRIMAIRE AUJOURD'HUI — LE
CONTRAT ENTRE L'INSTITUTEUR ET LE PAYS
— L'HUMANITÉ ET LA PATRIE — LE PACI-
FISME ET LA GUERRE — L'ANTIMILITARISME
ET L'ARMÉE

PARIS

LIBRAIRIE HACHETTE ET Cie

79, BOULEVARD SAINT-GERMAIN, 79

1907

Prix : 1 fr.

Ecole et Patrie

DU MÊME AUTEUR :

Pour la France. (Patriotisme — Esprit militaire), 10ᵉ édition. Un vol. in-16. cartonné. (Hachette et Cⁱᵉ), éditeur. . 1 fr. 5o

L'Officier Éducateur, Un volume in-16. broché, (Chapelot, éditeur. . . . . 3 fr. 5o

GEORGE DURUY

PROFESSEUR D'HISTOIRE ET DE LITTÉRATURE
A L'ÉCOLE POLYTECHNIQUE

École et Patrie

L'HISTOIRE DE FRANCE A L'ÉCOLE PRIMAIRE
IL Y A VINGT ANS — L'HISTOIRE DE FRANCE
A L'ÉCOLE PRIMAIRE AUJOURD'HUI — LE
CONTRAT ENTRE L'INSTITUTEUR ET LE PAYS
— L'HUMANITÉ ET LA PATRIE — LE PACI-
FISME ET LA GUERRE — L'ANTIMILITARISME
ET L'ARMÉE

PARIS

LIBRAIRIE HACHETTE ET Cie

79, BOULEVARD SAINT-GERMAIN, 79

—

1907

ÉCOLE ET PATRIE

LETTRE A M. ÉMILE BOCQUILLON

INSTITUTEUR PUBLIC A PARIS
LAURÉAT DE L'ACADÉMIE FRANÇAISE

Paris, 15 mars 1907.

MONSIEUR,

Si cette seconde partie de *La Crise du Patriotisme à l'École* que vous nous donnez aujourd'hui sous le titre de : *Pour la Patrie* n'était qu'un recueil des commentaires aigres-doux — plutôt aigres que doux — qui accueillirent la publication de la première — et de vos répliques à ces attaques — j'aurais décliné l'honneur que vous m'avez fait en me demandant une préface. Rien ne me paraît, en effet, plus stérile et plus vain que les polémiques qui mettent aux prises les personnes : les idées seules méritent qu'on s'intéresse à leur conflit. Mais si ce second volume nous apporte un écho des vives escarmouches

que provoquèrent les révélations contenues dans
son devancier, on y trouve autre chose, et de
plus d'importance, que le cliquetis un peu déplai-
sant des invectives alternées. Et cela suffit pour
que j'accepte avec plaisir de le présenter au
public.

Ce nouveau livre ne modifie pas l'opinion que
nous avions pu précédemment concevoir des
instincts quelque peu combatifs qui sont en vous
et auxquels vous donnez volontiers carrière : je
ne me sens pas une âme assez évangélique pour
vous en faire grief. En le lisant, on devine que
vous aimez la bataille et que la satisfaction de
rendre avec usure les coups qu'on vous porte
change en une sorte de plaisir pour vous le désa-
grément d'en recevoir. Mais quoi, presque toutes
les âmes d'apôtre ne sont-elles pas belliqueuses?
Elles passent aussi pour avoir une intrépide
assurance et pour se montrer quelquefois un peu
promptes à l'excommunication. Renan, évidem-
ment — quelque aversion qu'eussent inspirée à
ce sage les doctrines qui battent en brèche cette
patrie dont il avait une idée si haute, — Renan les
eût traitées avec plus d'indulgence que nous ne
sommes, vous et moi, enclins à leur en accorder.
A force de comprendre, on perd la faculté de

s'indigner : or, ce puissant et subtil esprit comprenait tout.

Il nous eût donc expliqué peut-être qu'au temps de David, de Salomon ou des prophètes visionnaires, on rencontrait déjà des hommes auxquels la patrie — ou ce qui alors en tenait lieu — n'inspirait qu'une considération limitée, et qui plaçaient la leur on ne sait où, dans les nuages, comme on fait aujourd'hui quand on dissout la sienne dans l'humanité. Renan nous eût dit encore qu'il y a toujours eu des illuminés, qu'il y en aura toujours, et que nous devons donc supporter avec patience M. Gustave Hervé, puisqu'il est éternel ; que d'ailleurs rien ne prouve que le Démiurge ait eu tort de régler ainsi les choses, attendu que les blasphémateurs réchauffent la foi tiédissante des dévots, et qu'à souffler sur certaines flammes pour les éteindre, on les ranime. Et sa réprobation souriante, précisément parce qu'elle eût été celle d'un sage, se fût montrée sans doute un peu surprise de la véhémence de la vôtre — et de la mienne. Mais nous ne sommes pas des sages, encore moins des sceptiques d'un dilettantisme ironique et détaché. Nous sommes de vulgaires croyants qui souffrent de voir profaner l'objet de leur

culte. Restons donc ce que nous sommes l'un et
l'autre, et gardons-nous de retenir — par crainte
de paraître insuffisamment raffinés — la protestation de notre conscience, dût cette protestation
manquer un peu de nuances, ainsi qu'on le reprochera sans doute à la vôtre.

La critique sans bienveillance qui — vous n'en
doutez pas, je pense? — passera au crible votre
ouvrage, vous reprochera peut-être aussi de ne
pas énoncer toujours, en regard des faits favora-
bles à votre thèse, ceux qui s'y adapteraient
moins aisément. J'aurais moi-même des réserves
à formuler sur le pessimisme de vos conclusions
qui — en dépit de quelques atténuations que vous
y avez avec raison introduites — ne me paraissent pas tenir un compte suffisant de ce fait,
heureusement établi par les précédentes grèves,
— notamment les douloureuses, les tragiques
grèves du Pas-de-Calais et du Nord [1] : à savoir,
que l'armée demeure beaucoup plus réfractaire
qu'on n'eût osé l'espérer à la détestable propagande qui cherche à la séduire.

Tout compte fait, il n'en reste pas moins
acquis pour moi que votre livre fournit une nou-

---

1. Au printemps de 1906.

velle et utile contribution à la démonstration de l'existence du péril national signalé par vous il y a deux ans avec tant de vaillance.

*
* *

Un péril national!... Je sais avec quel sourire de dédain transcendant ces mots seront accueillis par certaines personnes. La consigne, en effet, parmi ceux que vos révélations ont troublés dans l'exercice du malfaisant apostolat auquel ils se livraient, est d'essayer de jeter le discrédit sur ces révélations en prétendant que vos patriotiques appréhensions sont billevesées pures — à moins qu'elles ne servent à dissimuler de machiavéliques calculs, auxquels la politique ne serait pas étrangère. A les entendre, il n'y avait pas lieu de jeter le cri d'alarme dont le retentissement prolongé explique la violence des colères qui se sont aussitôt déchaînées contre vous et l'âpreté des rancunes qui depuis lors vous poursuivent.

Le péril signalé par vous était-il donc imaginaire? S'il n'existait pas, vous avez été coupable en portant à la légère la plus grave des accusations contre ce grand corps des éducateurs de la

jeunesse française, contre ces instituteurs à qui
les Gambetta, les Jules Ferry, les Paul Bert,
destinaient, après nos malheurs de 1870, un si
beau et si grand rôle dans l'œuvre du relèvement
de la patrie. Si ce péril au contraire existait et,
à plus forte raison, s'il existe encore, j'affirme
— et celui dont je porte le nom ne me démen-
tirait pas ! — que vous avez fait acte de bon citoyen en le divulguant.

J'ose espérer que vos collègues comprendront
que ce n'est pas un ennemi des instituteurs qui
parle ainsi. Un fils de Victor Duruy ne saurait
avoir pour eux de sentiments autres que ceux
dont le témoignage — peut-être ne l'ont-ils pas
tout à fait oublié — leur a été fourni jadis par
son père, en un temps où l'on avait quelque mérite à prendre en main leur cause et à la servir,
puisque le pays ignorait encore, ou peu s'en faut,
cette utilité sociale des instituteurs — dont on
nous a depuis lors avec un peu d'indiscrétion re-
battu les oreilles. Si je laisse à d'autres, qui s'en
acquitteront copieusement, le soin de les aduler
et, par leurs flatteries intéressées, d'entretenir
dans un certain nombre d'entre eux, une infatua-
tion dont il serait urgent qu'ils se guérissent,
ma sympathie — une sympathie toujours vive

encore qu'un peu inquiète — reste acquise à des hommes qui peuvent, qui doivent exercer sur notre démocratie un si bienfaisant préceptorat. Et Dieu sait si elle a besoin de précepteurs sages, cette crédule et violente démocratie dont l'éducation à peine ébauchée assure, hélas! de longs jours encore d'une prospérité sans nuages à la basse industrie des démagogues!

Cela dit, voici, Monsieur, la préface que vous m'avez demandée. J'ai tâché d'y répondre à la question posée plus haut : le péril signalé par vous est-il ou n'est-il pas imaginaire? C'est donc de ce péril que je me propose d'entretenir vos lecteurs, en m'aidant des documents tristement significatifs que vous avez recueillis dans vos deux ouvrages. Vos adversaires ont traité de *ramassis de calomnies* ceux de ces documents que vous avez présentés dans *la Crise du Patriotisme à l'École*. Ils traiteront probablement de même ceux que vous produisez aujourd'hui dans *Pour la Patrie*. Ils se sont dispensés — et pour cause! — de les contester sérieusement, à plus forte raison de les réfuter. C'est cette abondance et cette solidité des preuves rassemblées qui donnaient à la première de vos publications une force démonstrative qu'on retrouvera dans la seconde.

Aux injures que vous vaudra cette fois encore l'acte de courage que vous avez accompli en nous dévoilant la néfaste besogne qui s'opérait dans l'ombre, permettez-moi d'opposer, Monsieur, l'assurance de la même très haute estime, dont un ancien Président du Conseil, un ancien Ministre de l'Instruction publique, M. René Goblet, vous donnait il y a deux ans la preuve en acceptant d'écrire la préface de votre premier ouvrage. « *Ce livre*, y disait-il, *est moins une œuvre de polémique que de documentation. A ce point de vue, il est véritablement effrayant, et justifie pleinement son titre.* »

Dans une lettre qu'il vous adressait publiquement quelque temps après, ce bon citoyen ajoutait : « *En signalant ce mal avec courage, vous avez réveillé la conscience nationale et rendu ainsi un grand service à l'École et au pays.* » Voilà un témoignage infiniment précieux pour vous et à la valeur duquel je ne prétends rien ajouter en y souscrivant comme je le fais.

GEORGE DURUY,
Professeur d'Histoire et de Littérature
à l'École Polytechnique.

ÉCOLE ET PATRIE

I

L'HISTOIRE DE FRANCE A L'ÉCOLE PRIMAIRE, IL Y A VINGT ANS

« *Il faut*, a dit Michelet, *que la patrie soit sentie dans l'école.* »

Conformément au précepte de l'illustre écrivain, les auteurs de livres destinés à nos écoles primaires s'appliquaient, naguère encore, à fortifier dans le cœur des petits Français l'amour de la patrie. J'ai composé moi-même autrefois un de ces modestes ouvrages — et je n'en rougis pas. Ces livres parlaient aux enfants de nos gloires et de nos revers; ils citaient avec éloge les noms des Français notables dont la vaillance, au cours de notre longue existence de peuple, s'est héroïquement dépensée sur les champs de bataille; ils recueillaient pieusement, ils propo-

saient à l'admiration de ces jeunes esprits les
beaux actes de dévouement, de sacrifice, accom-
plis à l'ombre du drapeau.

La guerre est un des fils principaux de la
trame de notre histoire. Il y en a d'autres, assurément, qui constituent en s'entre-croisant avec
celui-là l'étoffe dont cette histoire est faite. Je
prie qu'on me fasse la grâce de croire que je les
connais et que je ne trouve pas mauvais, que je
trouve même excellent qu'on les montre. Si nous
réservions à la guerre une large place dans nos
petits livres, c'est qu'elle en occupe une très
large dans nos annales. C'est aussi parce que
les récits guerriers nous facilitaient la tâche de
glisser dans l'esprit des enfants la notion élé-
mentaire, le pressentiment, si je puis dire, de la
grandeur et de la noblesse du rôle joué par la
France dans le monde. Une partie de ce rôle, et
non la moindre, elle l'a jouée — qu'on veuille
bien ne pas l'oublier — l'épée à la main : « *la
France est un soldat* », a dit encore Michelet.
Bref, pour ces raisons et pour une autre encore :
à savoir, que les événements de 1870 nous
avaient laissé au cœur une souffrance inguéris-
sable et, en même temps, un espoir de répara-
tion aussi vivace que notre douleur, — pendant

une vingtaine d'années après l'Année Terrible, la
jeunesse française reçut dans nos écoles un enseignement qui n'était en somme que la para-
phrase des vers du poète :

Ceux qui, pieusement. sont morts pour la patrie
Ont droit qu'à leur cercueil la foule vienne et prie.
Entre les plus beaux noms leur nom est le plus beau.
Toute gloire, près d'eux. passe et tombe, éphémère;
    Et, comme ferait une mère.
La voix d'un peuple entier les berce en leur tombeau[1].

*
* *

Cette façon d'enseigner l'histoire n'est plus en
faveur. Il n'est sorte de mauvaise querelle qu'on
ne lui cherche. Elle développait, paraît-il, dans
les jeunes générations les pires instincts : goût
de la violence, respect de la force, fétichisme
royaliste ou napoléonien. Il est beaucoup plus
facile de la honnir ainsi que de prouver qu'elle
manquait de valeur éducative.

Je noterai tout d'abord qu'elle avait le mérite
d'intéresser les enfants. Donner dans une certaine mesure à l'étude l'attrait d'un divertisse-

1. Victor Hugo. Hymne (*Chants du Crépuscule*).

ment — alors surtout que l'étudiant est à l'âge
où l'on aime la lanterne magique et Guignol —
n'est pas faire œuvre de pédagogue mal avisé.
Loin de moi la pensée que l'histoire sociale doive
continuer à être l'objet de l'injuste dédain qu'on
lui a si longtemps et si sottement témoigné! Des
considérations sur la condition des ouvriers, des
paysans avant la Révolution peuvent assurément être fort intéressantes, et je n'en médis
point, bien au contraire, si c'est devant de
grands garçons qu'on les développe. J'ai quelque
peine à croire qu'elles puissent paraître à des
élèves de nos écoles primaires aussi attrayantes
que l'histoire du Grand Ferré, de Du Guesclin
ou de Jeanne d'Arc, de Jean-Bart, du petit Bara,
de La Tour d'Auvergne ou tout simplement du
sergent Bobillot.

On me dira que la pédagogie, même enfantine, doit avoir des visées plus hautes que
d'amuser. L'enseignement de l'histoire aux enfants, tel que nous le concevions autrefois,
n'était nullement étranger à la préoccupation de
former leurs cœurs. Des récits empruntés à
notre histoire militaire — si riche et si belle —
accompagnés de commentaires appropriés, nous
paraissaient et me paraissent encore d'excel-

lentes « leçons de choses » morales. Si la France estime que jamais plus elle n'aura besoin de trouver dans ses fils la volonté de se sacrifier pour elle, alors, soit! ne montrons plus aux jeunes comment leurs aînés « *entraient dans la carrière* » et ce qu'ils firent pour y laisser « *la trace de leurs vertus* ». Si elle juge au contraire que l'énergie, l'entrain, la gaîté dans l'épreuve, le courage, le mépris de la mort sont monnaie nationale qu'elle peut avoir un jour à dépenser encore pour se sauver, qu'elle ordonne aux éducateurs de sa jeunesse de ne pas dédaigner son histoire militaire, où cette monnaie s'entasse en trésor depuis des siècles! Ce n'est pas en célébrant les bienfaits de l'introduction de la pomme de terre ou de l'invention du métier à tisser — thèmes pacifistes au premier chef — ce n'est pas en proclamant Parmentier et Jacquart héros nationaux et bienfaiteurs plus authentiques de leur pays que Louis XIV et Napoléon, qu'on donne à des âmes la trempe qui aide à remplir certains devoirs malaisés, comme celui dont s'acquittèrent, non sans quelque profit pour la France, les compagnons d'armes de Villars à Denain, ceux de Dumouriez à Valmy.

Ce même enseignement, si étrangement dé-

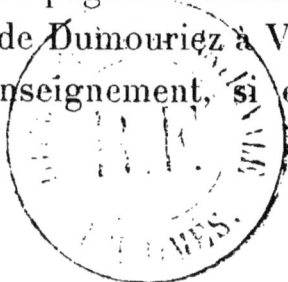

2

noncé comme nourrissant de secrètes nostalgies
d'empire ou de royauté, ne perdait pas de vue
davantage le devoir de préparer au pays de bons
citoyens. Ce que nous tâchions d'apprendre aux
enfants, ce n'était point le regret du passé; ce
n'était pas un patriotisme étroit, vantard et ba-
tailleur; c'était réellement l'amour de la France :
et cet amour impliquait très clairement l'obéissance à ses volontés.

« Mais encore, de quelle France? » me deman-
dera-t-on.

De la France totale. Car pour nous il n'y en
avait qu'une. France monarchique, France révolutionnaire et républicaine, France impériale;
l'image que nous présentions d'elle la montrait
comme une personne morale très vénérable,
toujours semblable à elle-même par certains
traits essentiels et persistants, toujours digne
d'être aimée, sous les cocardes diverses succes-
sivement adoptées par elle. Et je me demande
si ce ne serait pas justement parce que nous re-
fusions de sacrifier à une de ces cocardes les
deux autres et de les renier, qu'on a découvert
depuis peu que nous étions d'aussi pauvres pé-
dagogues.

II

L'HISTOIRE DE FRANCE A L'ÉCOLE PRIMAIRE
AUJOURD'HUI

Quoi qu'il en soit, sous prétexte que la glorifi-
cation des vertus guerrières ne saurait figurer
dans le programme de l'éducation donnée aux
enfants d'une démocratie pacifique, et que
l'amour de la paix, de l'humanité, doit être le
premier objet de cette éducation, la tendance
générale des auteurs de livres destinés à nos
écoles primaires est maintenant d'expurger soigneusement leurs ouvrages de tout ce qui pourrait éveiller dans le cœur des petits Français les
sentiments et les goûts que le pacifisme ré-
prouve.

D'une lettre récemment écrite[1] par un instituteur, j'extrais un passage qui me paraît signifi-
catif :

« *Un de mes collègues voyait dernièrement 'chez*

1. A la date du 23 janvier 1907. Cette lettre figure parmi
les intéressants documents que M. Émile Bocquillon a ras-
semblés dans son nouveau livre, *Pour la Patrie*.

*moi un cahier dont la couverture représentait le
siège de Ladysmith : deux canons — dorés, s'il
vous plaît! — trois soldats, pas même un blessé.*

*— Ne vous servez pas de tels cahiers, me con-
seilla-t-il charitablement; ils sont interdits. On ne
doit pas mettre sous les yeux des enfants des images
de guerre, des dessins représentant des cruautés de
ce genre.*

*Nous devons donc faire croire à nos élèves que
dans la vie ils ne rencontreront que de braves et
honnêtes gens, et que le dol, le crime, la guerre,
sont l'invention d'académiciens nationalistes et de
calotins? N'est-ce pas ridicule, tout autant qu'o-
dieux? »*

Le digne instituteur — je craindrais de le
compromettre en publiant son nom! — qui a
écrit ces lignes pleines de bon sens, a bien mis
le doigt sur l'élément de niaiserie qui figure, à
côté d'intentions louables, dans le pacifisme.

« Cachez, ordonne la sensiblerie pacifiste,
cachez ces canons — même dorés — que je ne
saurais voir! Cachez ces desservants du culte de
la force, les soldats, dont la vue seule me fait
horreur! »

Sottise! Le canon existe : il n'y a pas si longtemps que nous l'avons entendu rugir autour

des murailles éventrées de nos villes. Au lieu
d'escamoter la guerre, dressez devant nos enfants le bilan de ce que coûtent la défaite et l'invasion. C'est de l'histoire, cela! Enseignez que
tant qu'il y aura des peuples prêts à se jeter sur
d'autres peuples pour leur demander la bourse
ou la vie, il faudra des soldats pour s'opposer
aux entreprises des nations détrousseuses de
leurs voisines. Si vous en doutez, interrogez
l'Autriche et demandez-lui comment elle fut dé-
pouillée de la Silésie; interrogez le Danemark,
et demandez-lui comment on lui vola le
Schleswig-Holstein; interrogez la Pologne et
demandez-lui comment elle fut mise, vivante et
frémissante, au tombeau; interrogez la France,
qui, elle aussi, a quelque chose à dire et au lieu
de lui conseiller d'oublier, recommandez-lui de
se souvenir! C'est de l'histoire encore, tous ces
rapts; et parce que la vérité est ici baignée de
larmes et de sang, ce n'est pas une raison suffisante pour qu'on la cache.

La doctrine qui aujourd'hui régente impérieusement l'enseignement de l'histoire aux enfants
de nos écoles n'est pas de cet avis. Dans les
ouvrages qui s'inspirent de ses prescriptions,
guerres, victoires, triomphantes promenades de

nos soldats à travers le monde sont donc réduites à la portion congrue.

Or, ce n'est pas seulement un puissant élément d'intérêt qu'on néglige maladroitement, en refusant d'accorder autre chose qu'une brève et dédaigneuse mention à ce qui parle avec tant de force aux imaginations enfantines. Si c'est du point de vue purement pédagogique qu'on le juge, ce procédé paraît déjà difficile à défendre. Mais, chose plus grave encore, on fausse le sens de notre histoire en la dépouillant ainsi d'un de ses principaux attributs. Le jeune Français est condamné à ignorer ou tout au moins à ne connaître que d'une façon absolument insuffisante un trait essentiel du caractère des rudes batailleurs que furent ses ancêtres — l'instinct héroïque, l'amour de la gloire — à moins qu'on ne se résigne à lui dévoiler ce trait pour trouver occasion de le flétrir et pour faire rougir cet enfant des œuvres accomplies par l'épée des hommes de sa race, en lui inculquant le mépris des gestes de la France dans le passé. La plus fière des épopées, l'histoire de ce noble peuple — coureur si longtemps incorrigible d'héroïques aventures et qui doit précisément à ce goût une bonne part de sa noblesse de peuple — est ainsi

présentée aux jeunes générations, héritières
d'un tel legs, avec l'accompagnement, devenu
obligatoire, du bêlement des litanies pacifistes.
Sancho Pança conte aux fils de Don Quichotte
la vie de leur père et tance le héros pour avoir
trop aimé les prouesses, l'idéal et les rêves!

* *
*

De très sérieuses réserves, justifiées, il me
semble, par les considérations que je viens d'é-
noncer, peuvent donc être formulées sur la nouvelle façon de présenter l'histoire de France à
nos enfants. Avec des intentions sans doute ex-
cellentes — celle, par exemple, de montrer qu'il
y a autre chose, dans la vie d'un grand et vieux
peuple comme le nôtre, que ces jeux sanglants de
la guerre où la fougue de notre nation s'est trop
longtemps complue — cette méthode a le tort de
priver l'éducateur d'un moyen très efficace de
donner aux âmes des petits Français une certaine
trempe de vaillance allègre, de résolution et —
pourquoi donc hésiterais-je devant ce mot? —
d'orgueil, que de grands peuples libres, les Anglais, les Américains, s'appliquent avec un soin
vigilant à créer dans celles de leurs enfants. An-

glais et Américains se proposent-ils donc de dresser ces enfants à devenir des hommes ne rêvant pour leur pays qu'aventures, guerres et conquêtes ? Nul n'oserait le prétendre. Ils veulent de bons citoyens, pacifiques assurément, mais, si les circonstances l'exigeaient, défenseurs résolus de cette patrie à laquelle on leur a fait vouer de bonne heure un culte dans lequel l'orgueil et l'amour, étroitement confondus, forment ce patriotisme incapable de défaillance, prêt à tous les dévouements, résistant comme le granit, qui est la base inébranlable sur laquelle repose tout l'édifice de la grandeur anglo-saxonne[1].

---

1. Voir dans *la France de demain*, nº du 5 juillet 1904, cité par M. Émile Bocquillon, I, p. 430, les conclusions d'une enquête faite par des professeurs anglais sur l'éducation aux États-Unis. Le but de cette éducation est d'inculquer le plus promptement possible des sentiments d'un nationalisme intense à la population internationale amenée chaque année aux États-Unis par l'émigration. Des chants patriotiques sont chantés dans les écoles. « *Le drapeau américain est placé bien en vue, à l'intérieur de chaque école, et une loi de l'État de New-York exige qu'il flotte, durant les heures de classe, à l'extérieur de chaque école. Chaque matin, on adresse un salut au drapeau et tous les enfants répètent devant lui une formule de fidélité.... Le patriotisme fait partie de l'enseignement de l'école et le succès avec lequel il est enseigné est extraordinaire....* » Cet enseignement « *est accompagné d'exemples tirés de la vie des grands hommes du passé. C'est par ces moyens et des commentaires sur le symbolisme du drapeau toujours présent qu'ils réussissent à faire de bons et loyaux citoyens....* »

C'est déjà chose grave que les nouvelles méthodes dédaignent ainsi l'exemple non suspect
fourni par les nations dont les institutions et les
tendances se rapprochent le plus des nôtres et
qu'elles condamnent chez nous l'école à se dé-
sintéresser d'une fonction aussi importante que
l'est ce que j'appellerai l'*éducation de la fierté
nationale*.

Je dis fierté nationale : mâle vertu des peuples
qui ont foi en eux-mêmes, élément essentiel de
leur vigueur morale; je ne dis pas vanité nationale : travers haïssable, qui n'est que la contre-
façon de cette vertu et dont je souhaite que la
France — qui en fut un peu atteinte autrefois —
soit à jamais guérie. Et je crains d'autant moins
pour nous cette belle fierté qui rend forts, que
notre pays paraît aujourd'hui en proie à je ne
sais quel désir d'effacement, d'humilité, de re-
noncement, où je ne saurais voir qu'une forme
de la défiance de soi-même, legs funeste de la
défaite — de la défaite maudite qui pèse toujours
sur nous. Cette défiance de soi-même s'appelle
chez les individus timidité. Chez les peuples, je la
nomme abdication. Quand on est la France, on
n'a pas le droit d'abdiquer — ou bien on en
meurt.

*
* *

J'ai malheureusement à faire des constatations
plus pénibles encore.

Que l'histoire de France, telle qu'on l'enseigne à présent dans nos écoles primaires, tende
plus ou moins ouvertement à remplacer l'amour
de la patrie, sentiment clair, précis et viril, par
le culte vague et décevant de l'humanité, voilà
ce que *La Crise du Patriotisme à l'École* a clairement démontré — et voilà ce que continue à
prouver avec force le nouveau livre de M. Émile
Bocquillon.

Il y a deux ans, cet auteur nous citait le mot :
« *il ne faut plus parler de patriotisme* », dit par un
éditeur qui abritait sous cette mélancolique
constatation le refus de publier un livre con-
sacré à la mémoire du patriote Paul Bert, dé-
noncé comme « chauvin » par la congrégation de
l'Index pacifiste, lors de la rédaction de ses listes
de proscription[1]. Il nous montrait les auteurs

1. Un concours fut institué en 1902 par le journal socialiste *La Petite République* sur cette question : « *Connaissez-
vous des livres scolaires qui vous semblent ne pas répondre aux
exigences et aux aspirations de l'esprit moderne ? En donner la
liste, avec quelques citations caractéristiques.* » Le jury était

patriotes traités d' « empoisonneurs » et bannis
avec éclat de l'école ; des pièces de vers intitulées
Henri IV, 1870, Lorraine! non admises, en 1902,
dans un recueil de « *Chants populaires pour les
écoles* »[1] auquel ces poésies étaient pourtant destinées ; le récit avec image de la mort de Bayard
exclu d'une édition nouvelle et « refondue » d'un
cours d'Histoire de France : tout cela, sous le
beau prétexte, apparemment, de ne pas « *réveiller
la sanguinaire brutalité ancestrale, le goût du meur-
tre, l'idée qu'il y a une beauté, une vertu dans le fait
de recevoir et de donner des coups, dans le fait de
tuer ou d'être tué, en un mot, de ne pas refaire de
l'homme une brute* ». Car tel est, paraît-il, le ré-
sultat qu'obtenait « *l'histoire-bataille* », le « *pa-*

présidé par M. F. Buisson, ancien directeur de l'Enseignement primaire. Le mémoire classé premier fut celui de
M. Franchet, instituteur à Paris, intitulé : « *Démasquons les
empoisonneurs* ».

1. La raison invoquée afin de justifier la mesure d'exclu-
sion prise à l'égard de ces poésies compromettantes, est
qu'elles répondaient, au moment où elles avaient été com-
posées, à un sentiment, respectable sans doute, mais auquel
il ne convient plus de s'attacher aujourd'hui avec une stérile
obstination. C'est la thèse officielle du pacifisme sur
l'Alsace-Lorraine. Le pacifisme s'incline devant le fait
accompli en 1871 et estime que regrets, protestations, espé-
rances, en ce qui concerne nos provinces perdues, sont
choses qui ont fait leur temps et auxquelles la France doit
renoncer.

triotisme militariste et monarchique[1] », enseignés
jadis aux écoliers de France — heureusement li-
bérés par les doctrines nouvelles de cette « *éducation d'Apaches*[2] ».

« *Pour la Patrie* » nous fournit aujourd'hui une
preuve encore plus décisive des ravages faits
dans certains esprits par ces doctrines.

On sait que trois instituteurs du département
de l'Aisne, Poulette, Debordeaux et Leroy, furent en 1870 fusillés par les Prussiens pour avoir
tenté d'organiser la résistance dans les environs
de Soissons. Les raffinements de froide cruauté
exercés sur ces martyrs ajoutent encore à l'horreur de cette abominable exécution[3]. On ne s'at-
tendait pas à voir ces instituteurs désavoués,
reniés par des concitoyens, par des collègues.
Une revue d'enseignement primaire n'a pourtant

---

1. *Aurore* du 6 mars 1904, article intitulé : *Pédagogie natio-
naliste*, par M. Aulard.

2. Jugement de M. Franchet, instituteur, sur le livre du
lieutenant-colonel Lavisse « *Tu seras soldat* », dans le mémoire signalé plus haut.

3. Je n'oublie point que nous avons fusillé en 1810 le
partisan tyrolien Andreas Hofer — et bien d'autres en Espagne. Mais depuis 1810, le monde avait marché. Les actes
de cruauté commis par les Allemands en France pendant la
guerre de 1870 sont donc, en raison du progrès de l'idée
d'humanité, plus coupables que ceux que nous avions commis nous-mêmes soixante ans auparavant.

pas hésité à commettre cette inqualifiable vilenie
de dire que ces braves avaient « *manqué aux règles les plus élémentaires du droit des gens*[1] » : ce
qui équivaut à déclarer qu'ils ont été justement
exécutés.

Que des Français osent approuver la doctrine
barbare au nom de laquelle furent mis à mort
par les Allemands des hommes coupables d'avoir,
sans appartenir à l'armée régulière, défendu les
armes à la main leur pays contre l'envahisseur :
il y a dans ce fait lamentable et honteux quelque
chose qui confond l'entendement.

Quelle est donc cette étrange, cette criminelle
aberration, qui pousse les renégats de l'idée de
patrie à flétrir l'accomplissement du premier, du
plus impérieux des devoirs du citoyen ? Ces trois
instituteurs de l'Aisne, ce ne sont pas des gen-
tilshommes du temps de « *la guerre en dentelles* »
tombant au cri de Vive le Roi ! Ce ne sont point
des « *grognards* » de Napoléon rassemblant leurs
dernières forces pour jeter un suprème Vive
l'Empereur ! à la face de l'ennemi. Aucun élément d'intérêt personnel ou de superstition monarchique ne se mêle à la pureté du sacrifice

---

1. *Revue de l'Enseignement primaire*, n° du 2 juillet 1905.

auquel ils se sont offerts. L'appât du grade ou
de la décoration n'existait pas pour eux. Nulle
image de roi ou d'empereur, distributeur de ré-
compenses, ne s'est interposée entre l'image
douloureuse de la France et eux au moment où
elle leur est apparue et où ils ont décidé de lui
donner obscurément leur vie. C'est pour elle
seule, c'est pour la collectivité nationale dont
ils faisaient partie, c'est pour notre bien commun à tous, pour la chose publique, que ces enfants du peuple sont morts. Hommes de paix et
d'étude, et non pas professionnels de la guerre;
étrangers aux instincts que développent dans le
cœur du soldat le port des armes, la longue ac-
coutumance à l'idée de s'en servir, la vue quoti-
dienne du drapeau, le dressage à l'acte de com-
battre et à l'acte de mourir, — ces humbles héros
ont pris un fusil simplement parce qu'un impérieux sentiment de solidarité nationale leur or-
donnait de le prendre. Jamais occasion meilleure
fut-elle offerte à des antipatriotes d'excuser un
acte de dévouement à la patrie ?

Et pourtant la *Revue de l'Enseignement primaire*
blâme Poulette, Debordeaux et Leroy. Elle leur
refuse même l'aumône de cette « *vague pitié réser-
vée aux escarpes tombés dans l'exercice de leurs fonc-*

tions[1] » que M. Gustave Hervé n'interdit pas d'accorder aux soldats tombés sur le champ de bataille. Elle déclare attentatoire au droit des gens la généreuse impulsion qui les a fait courir droit à l'ennemi, sans pantalon rouge ni capote bleue, dans ce même costume de travail qu'ils portaient l'instant d'avant, alors peut-être qu'ils essayaient de faire comprendre aux enfants de leur école quelle patrie très digne d'être aimée est cette France au secours de laquelle, soldats improvisés, ils volaient maintenant une arme à la main. Par une étrange inconséquence, que peut seule expliquer la fureur qui les anime contre la patrie, des antimilitaristes subordonnent au port de l'uniforme détesté le droit de défendre le sol natal; des pacifistes qui, comme l'auteur de cet article, font profession de haïr et de flétrir en toute occasion la guerre, osent déclarer légitime l'application à ces trois martyrs des règles les plus cruelles du vieux droit de la guerre. Une revue fondée « *par les instituteurs français*[2] », lue par trente mille d'entre eux, accueille ce blas-

1. Extrait du *Pioupiou de l'Yonne*, reproduit par le *Temps* du 25 octobre 1901.
2. Ces mots figurent sur la couverture même de la *Revue de l'Enseignement primaire*.

phème. Et loin d'en rougir, trois mois après avoir renié les instituteurs de l'Aisne fusillés par les Prussiens, cette revue exprime le vœu « *qu'on proscrive de l'école la religion de la patrie*[1] ».

Je viens de montrer un instituteur lançant contre les auteurs patriotes ce cri de guerre : « *Démasquons les empoisonneurs !* » Je fais le public juge : qu'il décide où sont en réalité les « empoisonneurs ».

1. Numéro du 8 octobre 1905.

III

LE CONTRAT ENTRE L'INSTITUTEUR ET LE PAYS

Un péril national existe donc. L'idée de patrie est en France ouvertement battue en brèche ou sourdement minée. Cette besogne s'accomplit dans des conditions qui la rendent particulièrement redoutable et malfaisante : méthodiquement, sans bruit, devant une innombrable quantité de petits Français que l'ignorance, la crédulité du jeune âge, l'impossibilité où ils sont d'exercer — l'envie leur en vînt-elle — un contrôle sur les affirmations de leurs maîtres, que tout, en un mot, livre sans défense aux haineuses suggestions de la propagande antipatriotique. Or, attaquer l'idée de patrie, c'est travailler à détruire la solide armature sans laquelle le corps des nations manque de force pour résister aux heurts et s'affaisse misérablement au premier choc.

Les amis de l'école — j'en suis héréditairement, — ont le devoir de lui dire qu'elle est sur une pente dangereuse.

Je crois qu'il serait excessif de prétendre que
— considérée dans son ensemble — elle répudie
absolument l'idée de patrie. Mais un beaucoup
trop grand nombre de ses maîtres, même parmi
ceux qui ne rejettent pas encore violemment
cette idée, déjà marchandent et chicanent avec
elle. Au congrès des « Amicales », tenu à Lille
en août 1905, les instituteurs n'ont consenti à
admettre comme un devoir l'obligation de défendre le pays que « *le jour où il serait l'objet d'une*
agression brutale ». Comme on l'a dit avec raison, « *leur patriotisme est donc un patriotisme mi-*
nimum, leurs devoirs envers le pays n'ont à leurs
yeux qu'un caractère conditionnel et limité à un seul
cas dont ils seront juges.... Si l'agression est insi-
dieuse, si l'assaillant y met des formes... le patrio-
tisme des Amicales ne vibrera pas » [1]. Aveugle qui
ne voit que la force immense de l'école — de
l'école abusée, égarée par de pernicieux sophismes — semble prête à se dresser contre la
patrie. A aucun prix, il ne faut que cette chose
impie soit.

L'instituteur est un homme à qui le pays
confie ses enfants pour que la discipline exercée

---

1. *Journal des Débats*, 2 septembre 1905.

sur eux par le moyen tout puissant de l'éducation commence à faire de ces enfants des citoyens. Qui dit citoyen dit défenseur éventuel de
la cité élargie, la patrie. Est-il admissible que
l'instituteur travaille à remplir le cœur de ces
futurs citoyens de sentiments non de dévouement, mais de mépris et de haine pour leur patrie? Résolument je réponds non.

Entre l'instituteur et le pays, il existe donc un
contrat. Ce contrat est violé par le premier si de
ce droit d'enseigner au nom de la communauté,
qu'un privilège spécial lui confère, il use pour
enseigner des doctrines qui — de quelque hypocrite atténuation qu'on les édulcore — n'en sont
pas moins la négation de la patrie. Cette patrie
l'emploie et le salarie pour être servie par lui,
non pas pour être desservie, reniée, outragée.
Libre à l'instituteur d'être pacifiste, antimilitariste, antipatriote — mais non pas à l'école!
S'il veut l'être, qu'il la quitte. Le journal, la réu-
nion publique, la propagande sous toutes les
formes lui restent. Intolérable — et je dirai
même malhonnête — serait la prétention d'exercer cette propagande en qualité de fonctionnaire
public, et de démolir méthodiquement chaque
jour la patrie, avec la régularité d'un employé

ponctuel, en attendant que sonne l'heure de la
retraite, dont l'État, gérant des intérêts de la
communauté qu'on répudie, devra servir la pen-
sion au renégat, à l'insulteur, à l'ennemi de cette
communauté.

J'ai confiance que nos instituteurs reconnaî-
tront la justesse — qui ne me paraît pas contes-
table — de ces très simples observations. Certains symptômes semblent bien indiquer que la
raison commence enfin à reprendre sur eux ses
droits. Après les éclatants désaveux qu'elle a
subis[1] — désaveux auxquels la publication de *La*

---

1. Notamment de la part de MM. Georges Clemenceau,
Aristide Briand, Millerand, Paul Doumer, Paul Deschanel,
Charles Dupuy, Joseph Reinach, Viviani, Georges Leygues,
Etienne, Thomson, Pierre Baudin, Rouvier, Raymond Poincaré, Dubief, Maujan, pour ne parler que des hommes politiques. — Le Conseil municipal de Paris, composé en majorité de radicaux-socialistes ou de socialistes, a refusé par
72 voix contre 6 de voter l'achat, pour les écoles publiques
de la Ville, de l'*Histoire de France et d'Europe* de M. Gustave
Hervé, dont les doctrines ont été à cette occasion vigou-
reusement flétries par des orateurs, socialistes mais patriotes, comme le sont en immense majorité les socialistes
allemands et italiens (*Temps* du 29 juin 1905). M. Jaurès lui-
même, sans consentir encore à désavouer M. Hervé, a dans
son discours de Lyon (9 février 1907) osé « *faire quelques dé-
clarations presque patriotiques* » (*Temps*, du 12 février 1907).
M. Albert Sarraut, sous-secrétaire d'État au ministère de
l'Intérieur, et M. Joseph Reinach, député des Basses-Alpes,
viennent dans deux éloquents discours (21 avril 1907) d'affir-
mer énergiquement l'idée de patrie. M. Raymond Poincaré,

Crise du Patriotisme à l'École n'a certainement pas été étrangère — la propagande antipatriotique a déjà quelque peu baissé le ton. La malade — l'école — paraît être sortie de la période aiguë de la crise. Mais nous n'en sommes pas à la convalescence déclarée, encore moins à la guérison.

Le nouvel ouvrage de M. Émile Bocquillon nous donne le texte d'une consultation rédigée par un instituteur à l'usage de ses collègues sur la façon de continuer sans péril les hostilités contre la patrie. C'est fort simple. Puisque à l'attaquer ouvertement, on risque d'encourir certains désagréments — le beau jour où toute l'administration de l'Instruction publique fera profession d'internationalisme n'étant pas encore arrivé! — comme il faut songer à la soupe avant de songer aux principes, on n'insultera donc plus l'idole — on l'ignorera.

— *Monsieur, qu'est-ce que c'est que la patrie?* demandera l'enfant.

— *Connais pas,* répondra le maître.

sénateur de la Meuse, ancien ministre, a fait de même dans son discours de Neuilly (28 avril) : « *Nous tenons pour le drapeau tricolore contre le drapeau rouge, pour la Marseillaise, contre l'Internationale, pour la France, enfin, contre tous ceux qui la trahissent, la renient ou la désertent.* »

L'inspecteur primaire n'aura rien à dire. On
gardera son traitement. Et le but n'en sera
pas moins atteint. Tartufe n'eût pas trouvé
mieux.

Si l'apôtre qui a rédigé ce document d'une si
héroïque inspiration est — comme il y a tout
lieu de le craindre — l'interprète de la pensée
d'un bon nombre d'instituteurs[1], il en faudrait
conclure que la haine contre la patrie ne désarme
pas, qu'elle met seulement un masque et se dé-
guise. L'école voudrait donc bien consentir à
rester neutre envers la patrie, au lieu de se mobi-
liser contre elle. Nous la remercions de cette
condescendance, mais nous avons le regret d'être
obligés de déclarer qu'elle ne nous suffit pas. Ce
n'est pas remplir son devoir que de s'abstenir
seulement d'entrer en insurrection ouverte et
flagrante contre lui. Ce devoir de l'instituteur
est très clair. Que l'instituteur se dégage résolument des sophismes qui ont pu en obscurcir à

---

1. Extrait de la lettre d'un instituteur, datée du 25 janvier
1907 et publiée par M. Bocquillon dans *Pour la Patrie*:
« ... *Quant à la crise, dans notre région elle sévit toujours
au même degré, seulement on est un peu plus hypocrite.
La* Revue [de l'Enseignement primaire] *est le journal le plus
lu et si l'on ose moins se déclarer antipatriote depuis l'alerte
de l'an dernier, on ne veut pas se dire patriote. On ignore la
patrie, on est apatriote !* »

ses yeux la notion — particulièrement du sophisme humanitaire, le plus dangereux de tous ceux que les adversaires de l'idée de patrie ont mis en jeu pour gagner l'école à leurs doctrines.

IV

L'HUMANITÉ ET LA PATRIE

De même que la cité s'est élargie en patrie,
disent les annonciateurs de l'évangile interna-
tionaliste, de même la patrie élargie doit se
fondre à son tour dans l'humanité. C'est l'ordre
même des choses qui l'exige; et ce qu'il exige
est inéluctable.

Je ne suis pas aussi versé que les docteurs
en théologie socialiste dans la connaissance de
l'ordre des choses. Mais il me semble qu'avant
de songer à diluer la patrie dans l'humanité, il
serait bon de s'assurer que l'humanité existe
d'une existence autre que celle d'une entité
purement verbale, à laquelle les amplifications
des orateurs et des poètes ont seules pu
donner la menteuse apparence d'une réalité
concrète.

Or, cette humanité réelle, où pourraient à
la rigueur s'absorber les patries, comme les
fleuves se perdent dans le vaste océan, —

cette humanité « *n'existe pas encore* »[1]. C'est un des plus puissants, un des plus libres esprits de ce temps, un des directeurs de notre conscience nationale, qui l'affirme. Elle est, comme disent les philosophes, « dans le devenir ». Puisqu'elle n'existe pas encore, si ce n'est à l'état inconsistant et amorphe, comme ces grandes masses fluides de matière cosmique qui errent dans l'espace, contentons-nous donc de l'aider à être, en la créant un peu chaque jour : la tâche est assez belle et assez vaste !

Créons-la d'abord en nous-mêmes, par l'indulgence mutuelle, la tolérance, la fraternité agissante : chaque victoire de l'amour sur la haine est une réalisation partielle d'humanité. Obtenons des peuples qu'ils opèrent, eux aussi, la réforme de leurs mauvais instincts ; et quand nous serons parvenus à nous guérir de la haine, exhortons-les à s'en guérir aussi, car ils en sont malades comme nous le sommes nous-mêmes. Dissipons les vieilles préventions que nourrissent les unes à l'égard des autres les nations ; traitons avec un esprit obstiné de conciliation les malentendus qui les divisent ; étendons les pré-

1. Ernest Lavisse, Discours à des enfants, 15 août 1905.

rogatives du tribunal d'arbitrage de La Haye —
cet humble commencement d'une chose qui sera
très grande — soit ! Mais quant à ma patrie, —
ma patrie qui est, ma patrie qui n'a pas terminé
sa tâche dans le monde, ma patrie qui a des ser-
vices encore à rendre à l'humanité future —
qu'on ne me parle pas de la dissoudre dans cette
nébuleuse qu'est présentement et pour des siècles l'humanité !

Quand auront cessé de se haïr Tchèques et
Allemands, Bulgares et Grecs, Macédoniens et
Turcs, Tatars et Arméniens ; — quand les Chrétiens auront cessé de mépriser les Juifs et les
Musulmans de mépriser les Chrétiens ; — quand
il n'y aura plus de guerres de races comme celle
qui demain peut-être va mettre aux prises les
Blancs d'Amérique et les Jaunes du Japon et de
la Chine ; — quand un Président de République
aux États-Unis pourra, sans être honni, donner
publiquement la main à un nègre ; — quand auront disparu ces Pélions de préjugés, surmontés
de ces Ossas de rancunes, qui aujourd'hui se
dressent entre les peuples, entre les races, entre
les religions ; — alors, les temps étant accom-
plis, la nébuleuse condensée en astre, l'heure
sera venue peut-être de déclarer insuffisante la

vieille et chère maison construite pierre à pierre,
dans l'allégresse ou dans la douleur, par le per-
sévérant effort des générations qui nous l'ont léguée ; alors, alors seulement, pourra s'opérer le
transport dans le vaste temple de l'humanité
assagie, réconciliée, consciente, des pénates sacrés de la France évanouie.

V

LE PACIFISME ET LA GUERRE

Il ne serait pas indigne d'esprits sérieux et libres de comprendre que la superstition de ce qui sera peut-être un jour, mais dans un avenir infiniment éloigné, est chose aussi déraisonnable que la superstition contraire — la superstition de ce qui fut dans le passé, mais qui n'est plus et ne peut plus être. Sacrifier aujourd'hui la patrie à l'humanité est une folie aussi nettement caractérisée à mes yeux que le serait la folie de songer à restaurer le droit divin. Quand nos instituteurs auront reconnu la vanité du dogme humanitaire et fait ainsi un premier effort pour se dégager des sophismes dans le filet desquels beaucoup d'entre eux se sont laissé prendre, qu'ils soumettent à la critique de leur bon sens enfin réveillé d'autres idées encore, chères à la doctrine qui les avait séduits ; et ils s'apercevront que ces idées ne méritaient pas l'adhésion qu'ils ont eu la faiblesse de leur accorder.

Le thème favori de la prédication pacifiste est

la guerre. Comme le lieu commun de l'atrocité
de la guerre ne saurait, en un temps de service
militaire universel et obligatoire, être indifférent
à personne, et comme d'innombrables faits
peuvent servir à illustrer, à renouveler ce lieu
commun, à entretenir sa force probante — la
guerre russo-japonaise vient d'en fournir toute
une moisson nouvelle — il en résulte que cette
prédication pacifiste dispose d'un moyen de
propagande excellent, et c'est précisément ce
qui explique son succès.

Loin de moi la pensée de prétendre que les
pacifistes aient tort de proclamer sur tous les
tons que la guerre est haïssable! Je l'ai vue en
1870. J'étais à l'âge oublieux où les impressions
glissent et s'effacent. Ce que j'ai vu alors était si
terrible que l'image affreuse est restée dans mes
yeux et n'en sortira jamais plus.

Mais à dire que la guerre est horrible, on n'a
pas tout dit sur elle. On n'a pas dit, d'abord,
qu'elle est un fait. Or, il est bon de n'avoir à
l'égard des faits ni amour ni haine : à ce prix
seulement on peut fixer sur eux le regard lucide
qui permet de les comprendre et de les inter-
préter. On n'a pas dit que la guerre sort des
entrailles mêmes de cette humanité qu'elle

décime; qu'elle a donc des chances de durer à peu près aussi longtemps qu'il y aura des hommes sur la terre; qu'arriver à rendre de plus en plus rares les manifestations d'un fléau tel que celui-là, est une ambition légitime, raisonnable et suffisante, mais que croire à la possibilité de les supprimer tout à fait est une chimère; qu'en un mot, il faut s'arranger de façon à vivre avec la guerre, comme avec le choléra ou la peste, en se préservant d'elle le mieux possible.

Le pacifisme a donc ce premier tort de ne proclamer qu'une partie de la vérité sur la guerre. Une nation libre, comme la nôtre, a droit à la vérité totale. En la lui marchandant, on la trompe. Mieux vaudrait pleurnicher un peu moins sur les horreurs de la guerre et dire virilement au pays ce qu'elle est en réalité. Le peuple saurait alors ce qu'il doit penser d'elle, quelles mesures il doit prendre pour le jour où le monstre viendrait à se dresser devant lui. Et la voix qu'il écouterait serait celle qui récemment encore nous jetait cet avertissement : « *Que la République soit forte par les armes*[1]*!* »

1. Ernest Lavisse. Discours à des enfants, 15 août 1905.

⁎
⁎ ⁎

Le pacifisme a d'autres torts plus graves encore. A répéter sans cesse à un peuple que la
guerre est le plus grand des maux, on l'habitue
à n'en plus pouvoir même supporter l'idée, on le
rend lâche. Travailler à faire du nôtre un de ces
peuples « *du type flasque* » dont parle avec mépris
le Président Roosevelt : telle paraît être la fonction propre de cette doctrine. Elle ment, d'ailleurs, lorsqu'elle affirme qu'il n'y a pas de maux
pires que la guerre. Il y en a. Mieux vaut cent
fois la guerre que la perte de la dignité, de l'indépendance. Tout peuple qui n'est pas pénétré
de cette idée-là et qui veut la paix à tout prix,
fût-ce au prix de son honneur, est un peuple
condamné. Il a perdu le droit à la vie. Peu
importe qu'il meure. Or, je suis de ceux qui
trouvent d'une intolérable amertume l'idée seule
que la France pourrait disparaître avant d'avoir
rempli tout son destin.

Au lieu d'enseigner à nos enfants avec tant de
sollicitude la peur plus encore que l'horreur de
la guerre. — ce qui n'est pas du tout la même
chose, qu'on ose donc leur dire que la guerre, si

horrible qu'elle soit, n'est pas uniquement malfaisante! Si dans l'ordre matériel elle détruit, dans
l'ordre moral souvent elle restaure. Les mâles
vertus qu'un peuple adonné à la satisfaction de
grossiers appétits oubliait, — et qui sont la condition même de son existence, — la guerre les
ranime, leur rend le lustre qu'elles avaient perdu.
Elle meurtrit ce peuple, mais elle le régénère.

Qu'on montre aussi l'étroite relation qui existe
entre la gloire des armes et la prospérité des
nations. Grandeur et prospérité d'Athènes succédant aux triomphes de Salamine et de Platées;
grandeur et prospérité des Provinces-Unies
récompensant au xviie siècle l'effort victorieux
de l'héroïque petit peuple hollandais contre
l'Espagne; grandeur et prospérité de l'Allemagne succédant à ses victoires de 1866 et de
1870; grandeur du Japon succédant à deux
guerres triomphantes contre la Chine et contre
la Russie : en tout temps, en tout lieu, la victoire
est féconde. Et c'est, je pense, cette vérité historique que veut clairement établir le grand
citoyen dont les États-Unis peuvent à bon droit
s'enorgueillir, lorsqu'il tient à la démocratie
américaine ce viril langage qui sans doute scan-
daliserait nos professeurs de veulerie nationale:

« *Les hommes qui ont le mieux mérité du pays sont ceux qui ont osé beaucoup à la guerre.... Aucun triomphe pacifique n'atteint à la hauteur des grands triomphes de la guerre.... Lorsque la paix et l'équité sont en conflit, un peuple grand et honnête ne peut pas un instant hésiter à suivre le chemin qui va du côté de l'équité, alors même que ce chemin mène aussi à la guerre.... Être défait dans une guerre vaut quelquefois mieux que de ne pas s'être battu du tout.... La nation qui s'organise une existence aisée et prend la guerre en horreur, pourrit sur place. Elle est destinée à s'abaisser, à devenir l'esclave d'autres nations qui n'ont pas perdu les qualités viriles.... J'en suis toujours à l'opinion que j'ai exprimée : que la peur de la guerre était un plus grand mal que la guerre elle-même. Pacifique, il faut l'être, mais pas pacifiste : pas la paix à tout prix*[1] !... »*

Je livre aux méditations des éducateurs de notre jeunesse ces fortes pensées. Puissent-elles leur servir d'antidote contre le poison des doc-

---

[1]. *Les idées du Président Roosevelt*, par Mme Arvène Barine, *Débats* du 6 août 1902. — Message du Président Roosevelt, du 5 décembre 1905.— Déclaration du même sur la deuxième conférence de La Haye, *Temps* du 6 décembre 1906. — La *Vie intense*, par M. Roosevelt. — Discours prononcé à Norfolk (Virginie), le 26 avril 1907.

trines conseillères d'abdication nationale et de couardise, qui voudraient faire de l'école, en France, la pourvoyeuse de la défaite. Le pacifisme, c'est pour les peuples « la maladie du sommeil ». Ils en meurent, eux aussi.

VI

L'ANTIMILITARISME ET L'ARMÉE

« *Que la République soit forte par les armes !...* »
Tel n'est pas, on le sait, l'avis d'un certain nombre de Français en qui s'est déclarée l'étrange
manie de l'antimilitarisme, forme aiguë et déli-
rante du mal dont le pacifisme est le premier
symptôme.

Je cherche à comprendre l'état mental de
l'antimilitariste. Cet homme est d'ordinaire républicain et démocrate, socialiste presque toujours. Il fait profession d'aimer les idées auxquelles ces deux mots, république et démocratie, servent d'enseigne : fraternité, justice,
égalité, liberté, affranchissement des con-
sciences, etc.

Dans l'Europe encore monarchique deux seuls
États, France et Suisse, ont adopté la forme
républicaine. De ces deux États insolites, l'un
est protégé contre les surprises fâcheuses, contre les fantaisies imprévues qui pourraient naître
dans telle ou telle cervelle impériale ou royale,

par sa neutralité. Si sérieuse que soit cette ga-
rantie, le vaillant et sage petit peuple qui en
bénéficie ne s'endort pas sur elle. A cette ga-
rantie accordée par les puissances, il juge pru-
dent et utile d'en superposer une autre. Et ce
supplément de sécurité, il se le procure à lui-
même en plaçant son indépendance sous la pro-
tection d'une excellente armée, parfaitement
adaptée aux conditions très spéciales de la
guerre qu'elle pourrait avoir à soutenir pour la
défense du territoire helvétique. Telle est la
confiance que le voisinage de trois grands États
monarchiques et militaires, — sans compter la
France — inspire aux républicains Suisses.
Quand on vient leur prêcher le désarmement
comme moyen d'ouvrir l'ère de la paix universelle, ces sages sourient dans leur barbe blonde
et coulent un regard caressant vers leur bon
Martini. Quand c'est le refus du service militaire, la grève des réservistes qu'on prétend
importer chez eux, les fils de Guillaume Tell
se fâchent et mettent à la porte l'apôtre de la
désertion qui leur apparaît comme un fourrier
de Gessler[1].

1. Extrait d'un Message par lequel le Conseil fédéral ré-

*
* *

L'autre État républicain est la France. Point
de neutralité qui la protège. Envahie naguère,
elle porte encore la cicatrice de l'invasion. Dans
son territoire mutilé, une large brèche a été sa-
vamment pratiquée, couloir propice aux invasions nouvelles. En face de cette brèche, le long
de la frontière ouverte, une armée redoutable est
rangée, appuyée en arrière sur d'autres armées
qui la remplaceront aussitôt, quand d'un bond

prouve les appels à l'indiscipline publiés dans le journal
Le Peuple, de Genève :

« *Notre armée est une armée nationale et populaire, voulue
du peuple et sortant de lui. Mais elle ne peut subsister sans
ordre ni discipline. Le peuple suisse sait cela. Il sait que seule
une armée animée de cet esprit peut suffire à la grande tâche
que la patrie exige d'elle : la sauvegarde de notre indépendance. C'est pour cela que le peuple suisse veut une armée bien
disciplinée.... L'armée fédérale ne peut remplir sa mission,
c'est-à-dire n'est apte à faire la guerre, que si officiers, sous-
officiers et soldats sont pénétrés de la discipline.... Lorsque la
discipline est absente, le courage et même la bravoure manquent
leur but. La discipline est le ciment qui, seul, préserve une
armée de la décomposition.... Les autorités fédérales ont pensé
qu'une excitation à la révolte, telle que Le Peuple de Genève se
l'est permise, ne devrait pas rester impunie et qu'on sacrifie-
rait les intérêts les plus sacrés si l'on permettait d'ébranler de
cette manière les fondements de notre armée, indispensables à
l'existence et à la sécurité du pays....* » (Cité par M. Émile
Bocquillon. I, p. 455.)

elle aura sauté sur sa proie: — et toutes ensemble feront, s'il plaît à Dieu, la curée, — une
curée plus copieuse et plus belle même que celle
de 1870[1].

Le pays au-dessus duquel est suspendue la

1. « *Il faut remettre les choses en l'état où elles étaient
avant François Ier.... Après une nouvelle guerre victorieuse
nous prendrons sept départements à la France : le Nord, la
Meuse, la Meurthe, les Vosges, la Haute-Saône, le Doubs et
le Jura.. ».* Extrait d'une Revue allemande (Neue Kurs)
d'octobre 1895. Voir: *l'Alsace-Lorraine devant l'Europe,* par
Patiens, chez Ollendorf, 1894. — « *Dans un espace d'années
qui sera court, nous devons voir ceci : le drapeau germanique
abritera 86 millions d'Allemands et ceux-ci gouverneront un
territoire peuplé de 150 millions d'Européens. Sur ce vaste territoire, seuls les Allemands exerceront des droits politiques.
seuls ils serviront dans la marine et dans l'armée, seuls ils
pourront acquérir la terre. Ils seront alors, comme au moyen
âge, un peuple de maîtres, condescendant simplement à ce que
les travaux inférieurs soient exécutés par les peuples soumis à
leur domination....* » Cité par M. Marcel Prévost (*Petit Temps*
du 24 février 1907), d'après *Grossdeutschland und Mitteleu-
ropa um das Jahr 1950.* chez Thormann, Berlin. — « *Un véri-
table peuple a le droit de créer, avec sa bonne épée, l'espace
qui manque à ceux de ses enfants ne pouvant plus vivre
sur son territoire.* » Cité par M. Marcel Prévost, d'après *Die
Deutsche Politik,* volume publié à Munich en 1900. — « *Le sort
de la France dépend actuellement, malgré toutes les ententes et
les alliances, uniquement de l'amour de la paix de l'Empereur
allemand. Un moment pourrait toutefois venir où cet amour de
la paix deviendrait une faute et un crime, et le moment vien-
dra certainement où la partie sera dans la proportion de
80 millions d'Allemands contre 40 millions de Français.* » Cité
par le *Temps* du 15 mai 1907, d'après la revue allemande
der Deutsche.

plus formidable avalanche dont jamais peuple
ait été menacé, ne peut compter que sur lui-
même pour barrer la route à cette trombe. Ses
amis, s'il en a qui soient sûrs, sont ceux-ci trop
éloignés, ceux-là trop lents à se mouvoir pour
l'aider avec la promptitude qui seule donnerait
de l'efficacité à leur assistance. Le gigantesque
appareil de guerre dressé contre lui peut
être mis soudain en branle par la main d'un
souverain sujet à de brusques impulsions qui
déconcertent toutes les prévisions. Ce puissant
et dangereux souverain est l'héritier d'une race
de proie; il se dit pacifique, mais, comme ses
ancêtres, ne songe qu'à la guerre et en prépare
avec passion les instruments, — lui qui peut,
d'un mot, la déchaîner demain! Les sentiments
qu'il nourrit pour ses voisins de l'Ouest sont
inquiétants dans leur complexité : un jour il est
pour ces Welches frivoles tout sourire et tout
miel; l'autre, il leur met sous le nez son poing
ganté de fer et les offense brutalement.

Ce pays est riche, et sa richesse excite des
convoitises. C'est un grand laboratoire d'idées,
ayant pour marque spéciale d'être mortelles aux
vieux dogmes; c'est le champ d'expériences où
un peuple d'esprit agile et entreprenant se plaît

à essayer sur lui-même, avant d'en faire largesse au monde, des formes politiques et sociales d'une nouveauté très hardie, qui irritent sourdement prêtres, rois et empereurs, toutes les puissances du passé. Quelqu'un qui n'aimerait pas ces idées, qui se défierait de ces formes, pourrait être tenté de détruire l'usine laborieuse d'où sortent tant de produits suspects — s'il la voyait mal gardée....

Tout cela, l'antimilitariste le sait. Il ne peut ignorer que la « cité future » qu'aime à bâtir son rêve perdrait le meilleur de ses ouvriers si la France venait à disparaître, et que d'un tel peuple la vie importe non pas seulement à ce peuple lui-même, mais au progrès général de l'humanité. Et cet illuminé prétend détourner les Français de l'accomplissement du devoir militaire, dont jamais la nécessité ne se manifesta avec une plus impérieuse évidence ; il crache sur cette armure que la France refuse de jeter bas pour lui plaire. Or, cette armure protège non pas seulement ce que nous aimons, nous, — bagatelles et vieilleries, comme l'honneur national, dont il ferait aisément bon marché ! — mais le dépôt des idées dont il attend, lui, la réalisation de son rêve.... Devant les profondeurs d'incon-

séquence que je découvre en cet homme, je
m'arrête et renonce à comprendre.

*
* *

Je me contenterai de noter — cette observation
me paraissant d'une importance essentielle —
que le moment choisi par la doctrine antimilitariste pour se déchaîner avec fureur contre
l'armée est précisément celui où notre armée
commence à opérer sur elle-même une réforme
profonde qui aura pour effet de la délivrer de
certaines tares dont ses meilleurs amis étaient
bien obligés de reconnaître et de déplorer
l'existence.

Voyez ces jeunes sous-lieutenants et lieute-
nants, de jour en jour plus conscients de leur
devoir d'aînesse envers le soldat et déjà conquis
en si grand nombre à l'idée d'exercer sur lui un
préceptorat fraternel: — ces capitaines, ces co-
lonels, brisant la barrière d'absurdes préventions réciproques qu'on avait voulu dresser entre
militaires et « intellectuels », débattant en d'amicales controverses avec des maîtres de l'Université, à Paris, à Lille, à Lyon, à Nancy, à Cler-
mont-Ferrand, à Toulouse, partout, les plus

hautes questions qui intéressent la profession
des armes ; — notre corps d'officiers rompant
peu à peu avec la tradition du commandement
invariablement raide, dédaigneux et hautain,
quelquefois même injurieux et brutal — qui reste
en honneur dans d'autres armées, — pour se
pénétrer chaque jour davantage de l'esprit du
mot si profond de Desaix : « *Je battrai l'ennemi
tant que je serai aimé de mes hommes* » ; —
des sentiments d'estime et de gratitude à
l'égard de ses chefs remplaçant de plus en plus
dans le cœur du troupier la crainte comme base
de l'obéissance et substituant à cette fragile
discipline tout extérieure, que la salle de police
et la prison imposent, la discipline vraie et solide, fondée sur l'affection, sur la confiance, à
laquelle un bon chef peut tout demander ; —
les sous-officiers conviés par les officiers eux-
mêmes à s'élever à une conception plus haute de
l'importance et de la dignité de leur rôle élargi[1] ;
— « Biribi » qui disparaît, avec ses « crapau-
dines », ses « silos », honteuses survivances des
âges barbares ; — l'institution des conseils de
guerre remaniée, afin que la conscience publique

1. *Le sous-officier dans l'armée moderne*, par le capitaine
Victor Duruy. Chapelot, éditeur.

n'ait plus à se soulever d'indignation contre le
scandale de certaines condamnations et de certains acquittements: — des salles de lecture et
de récréation — modeste. mais efficace antidote
du cabaret et du bouge — installées dans les ca-
sernes: — le bien-être matériel et la santé morale
du soldat. objet d'une sollicitude plus vigilante:
— le service militaire moins dur. moins corrupteur: — l'armée enfin travaillant avec une généreuse ardeur à rendre au pays ses enfants meilleurs qu'elle ne les a reçus.

Que signifient ces faits? Ceci, tout simplement : que l'armée convenant à une démocratie
est chez nous en train de se faire. Or, cette
armée. la France — république et démocratie
— hier encore ne la possédait pas. Elle en avait
une autre. épave des naufrages successifs de la
royauté et de l'empire. très brave. très brillante,
— mais qui n'était pas modelée à son image
présente : qui par certains traits. même. différait
d'elle: que son esprit n'animait pas: bref, qui
n'était pas son armée.

Rien ne serait plus injuste que de reprocher à
cette chrysalide la lenteur de sa métamorphose.
Comment donc aurait-elle déjà sa forme par-
faite? La monarchie a mis près de deux cents ans

à faire son armée; elle ne l'a eue vraiment que vers le milieu du xviiᵉ siècle et elle s'appliquait en tâtonnant à cette tâche depuis Charles VII. Que l'on compare à cette allure le train dont marche présentement la création de l'armée de la République : on sera obligé de reconnaître que la transformation qui s'opère sous nos yeux n'est lente que pour ceux qui ne savent pas regarder.

Rapide ou lente. l'évolution est commencée et ne s'arrêtera plus. La démocratie française peut être sûre de posséder, un jour qui n'est pas loin, ce qui lui manquait : l'instrument militaire approprié à ses tendances, à sa façon de concevoir le rôle de l'armée dans la nation. à sa façon même de concevoir la guerre. Dieu veuille qu'elle soit assez sage pour comprendre tout le prix de cet instrument-là, pour l'entretenir avec amour, luisant, poli et acéré — comme l'acier d'une bonne lame d'épée qu'on laisse au fourreau, mais sans permettre à la rouille de l'y mordre ! Moyennant quoi — mais à cette condition seulement, que la démocratie française le sache bien ! — l'épée que la République se forge pourrait. le jour où nous serions contraints de la tirer. fournir au monde la surprise d'éclairs dignes de

ceux qui jaillissaient autrefois du vieux glaive
de la France.

Si l'armée de la République parvient à réali-
ser l'union morale intime entre chefs et soldats,
elle disposera d'un élément de force compensa-
teur de l'infériorité numérique où la condamne,
à l'égard des armées de la prolifique Allemagne,
l'insuffisance de notre natalité. Cet élément de
force lui appartiendra en propre, aucune autre
armée de l'Europe ne le possédera comme elle.
Or, les guerres de la Révolution nous enseignent
que des armées pourvues de cet élément — qui
figurait dans les nôtres au temps des Hoche et
des Marceau, des Moreau, des Kléber, des Mas-
séna, des Brune, des Desaix — sont irrésistibles.

Il ne s'agira point là, qu'on veuille bien le re-
marquer, d'un avantage éphémère comme celui
que procure tel perfectionnement dans l'armement : mélinite, poudre sans fumée, canon à tir
rapide, sous-marins, dont le secret nous est
bientôt dérobé, — mais d'un avantage durable,
que les armées d'États monarchiques ne sauraient être tentées de nous disputer, attendu
qu'il est le produit de l'application aux choses
militaires de principes qui sont les nôtres, et
non pas ceux de nos voisins. C'est pour cette

raison que — n'en déplaise aux prophètes de
malheur — on peut fonder de grandes espé-
rances sur les résultats de ce travail qui tend à
souder les uns aux autres d'une façon de plus en
plus étroite nos soldats et leurs chefs. Ce commencement de retour aux traditions militaires
qui firent la force des admirables armées de la
Révolution peut nous mener loin, nous conduire,
par exemple — ou plutôt nous ramener — à la
conception des plus hauts commandements
exercés par de jeunes généraux. Le jour où
l'armée française telle que j'aime à me la repré-
senter : nombreuse, mais guérie de l'absurde
superstition du nombre, munie de l'armement le
plus perfectionné, confiante dans ses chefs, —
serait en outre commandée par des brigadiers
et des divisionnaires de trente-cinq à quarante
ans, je ne sais vraiment pas ce qui lui manque-
rait pour vaincre.

Et ma conclusion sera qu'un sentiment de
profonde gratitude convient seul à l'égard de
cette armée nouvelle qui est en train de se
créer, non sans difficulté ni sans peine, sous nos
yeux — indifférents pour la plupart ou même
aveugles à l'importance de la tâche entreprise,
comme à la grandeur de l'effort déjà fourni et

du progrès réalisé. La volonté qu'elle a de s'adapter résolument aux exigences d'un état social, que naguère encore elle semblait à peu près ignorer, implique de sa part la renonciation à d'antiques traditions qui ne pouvaient pas ne pas lui sembler respectables, puisqu'elles étaient respectées depuis des siècles par ses devancières. Le sacrifice qu'elle en fait n'est pas d'un prix médiocre et prouve qu'il n'est aucune forme de dévouement à la France dont ne soit capable cette armée, qui se régénère ainsi parce qu'elle comprend la nécessité d'être en communion plus intime avec la nation.

Que ce soit à l'heure même où le militarisme agonise que les antimilitaristes jugent à propos de dénoncer à la haine et au mépris du pays une armée qui précisément se libère de ce legs du passé : c'est de la part des disciples de M. Gustave Hervé une injustice odieuse, doublée d'une sottise, dont certains instituteurs de France rougiront, je veux l'espérer, de se rendre plus longtemps coupables en compagnie de ces dangereux hallucinés.

LETTRE A M. HENRI DE NOUSSANNE

Paris, 9 avril 1907.

MONSIEUR,

Vous m'avez fait l'honneur de m'adresser, dans *l'Écho de Paris*, une « lettre ouverte » à propos de la préface dans laquelle j'ai essayé d'attirer, après M. René Goblet, l'attention du public sur le péril national signalé avec tant de vaillance par M. Émile Bocquillon dans ses deux excellents ouvrages : *La Crise du Patriotisme à l'École* et *Pour la Patrie*.

Vous regrettez que je n'aie pas demandé aux pouvoirs publics de prendre des mesures énergiques pour conjurer ce péril.

. En écrivant cette préface, il y a deux mois, je disais : « *Entre l'instituteur et le pays, il existe un contrat. Ce contrat est violé par le premier, si, de ce droit d'enseigner au nom de la communauté, qu'un privilège spécial lui confère, il use pour enseigner des doctrines qui sont la négation de la pa-*

5

trie. Cette patrie l'emploie et le salarie pour être
servie par lui, non pas pour être desservie, reniée,
outragée. Libre à l'instituteur d'être pacifiste, anti-
militariste, antipatriote, — mais non pas à l'école!
S'il veut l'être, qu'il la quitte.... »

Aujourd'hui, j'ajouterais volontiers : « *Et s'il*
ne veut pas la quitter, qu'on l'en chasse! »

L'esprit qui anime certains instituteurs s'est,
en effet, manifesté, depuis qu'ont été écrites les
lignes que je viens de reproduire, avec une arro-
gance tellement intolérable, qu'il n'y a plus de
ménagements à garder avec ces insurgés. En-
couragés par une longue et scandaleuse impu-
nité, ce n'est plus la patrie seule qu'ils travail-
lent à détruire, c'est aux pouvoirs publics qu'ils
osent adresser d'insolentes sommations, c'est
aux lois qu'ils s'attaquent audacieusement, c'est
la République elle-même, — la République qui
les a comblés! — que ces ingrats et que ces
fous renient, comme ils ont renié la France.
Les politiciens qui, depuis trente ans, travail-
lent à pervertir et à corrompre des hommes qui,
sans eux, seraient probablement restés de bons
et utiles serviteurs du pays, peuvent être fiers
de leur œuvre! Le grain qu'ils ont semé lève et
la moisson promet!

Ah! monsieur, quelle douleur de voir un pays
comme le nôtre, épris d'ordre, de travail, de
liberté vraie, glisser — de par la lâcheté des
uns et la violence forcenée des autres — à
l'anarchie, et comme il nous manque, le grand
citoyen qui, dans l'intérêt même de cette République qu'il avait si bien servie, n'hésitait pas à
tenir tête aux « *esclaves ivres* » de son temps[1]!
Tenir tête à quelqu'un ou à quelque chose,
est-ce que cela se sait encore en France à cette
heure? Les esclaves ivres, ô dérision! on se dé-
fend contre eux en leur versant à boire! Et cela
durera, j'en ai bien peur, jusqu'au jour, qui
n'est pas loin peut-être, où l'audace croissante
des forcenés auxquels on la laisse en proie —
Confédération générale du Travail, syndicats
révolutionnaires, entrepreneurs de la grève générale, apôtres de l'action directe et du « sabo-
tage », etc. — aura courbé la France sous le joug
d'une abjecte et bestiale tyrannie syndicaliste[2].
A moins que l'instinct de la conservation ne
s'éveille tout à coup dans ce peuple qu'on mo-

---

1. Gambetta, Discours du 16 août 1881, à Charonne.
2. A ceux de mes lecteurs qui jugeront peut-être que ces
épithètes manquent de mesure, je conseille de lire dans la
Revue de Métaphysique et de Morale une étude de M. Félicien
Challaye sur le *Syndicalisme révolutionnaire*, analysée dans

leste, qu'on trouble, qu'on ruine. Auquel cas, il pourrait se faire que de la conscience nationale sortît soudain, avec la force irrésistible d'uħ raz de marée, une de ces lames de fond, comme notre histoire en connaît quelques-unes, qui emportent tout. Et ceux qui par leur couardise en face des éléments de désordre auront exposé la République au choc de cette lame, n'auront pas alors assez de larmes pour pleurer sur le cataclysme qu'ils auront déchaîné.

Recevez, etc.

GEORGE DURUY

le *Temps* du 7 avril 19J7. Voici, très impartialement exposée par M. Challaye, avec des citations empruntées aux principaux théoriciens du parti, l'essence même de la doctrine :

Une seule méthode : la violence. Inutile de s'attarder à des lois sociales. Elles ne sauraient convenir à « *résoudre des questions de force que, seule, la force peut résoudre utilement* ». — La tyrannie syndicale est légitime : les « *conscients* » ont le droit de faire la loi aux « *inconscients* ». — L'ouvrier n'a pas de patrie : sa patrie, « *c'est son ventre et celui de sa famille* ». — L'armée ne sert à rien. C'est simplement un instrument de défense mis « *au service des bourgeois digérants par les bourgeois dirigeants* ». Donc, active propagande à la caserne. Rappeler sans cesse aux soldats que leurs balles en cas de mobilisation, « *sont pour leurs propres généraux* », comme il est dit dans l'*Internationale*, etc.

DISCOURS

PRONONCÉ A LA DISTRIBUTION DES PRIX
DU COLLÈGE VICTOR DURUY, A BAGNÈRES-DE-BIGORRE,
LE 28 JUILLET 1904

Mesdames, Messieurs.

Il me semble qu'après le beau discours que nous venons d'entendre[1], je n'aurais, comme président de la distribution des Prix du Collège de Bagnères — puisque la bienveillance de M. le Recteur de l'Académie de Toulouse m'a honoré de cette magistrature éphémère — rien de mieux à faire que d'inviter M. le Surveillant Général à nous donner lecture du palmarès et de vous offrir après cela, mes jeunes amis, cette jolie clé qu'on nomme la clé des champs. Moyennant quoi, je vous paraîtrais sans doute un président accompli.

1. M. Lacoste, professeur d'histoire au Collège de Bagnères, chargé du discours d'usage, avait exposé l'œuvre de Victor Duruy et tracé l'historique de l'ancien Collège.

Et pourtant, c'est avec le noir dessein de vous faire encore un discours que je me lève. Comment pourrais-je oublier, en un pareil jour, les liens très anciens et très forts qui m'unissent à votre cité ? Chérir cette ville charmante est une tradition de famille qu'Achille Jubinal m'a léguée et que j'espère bien transmettre à ses petits-enfants. J'aimais Bagnères, longtemps avant de savoir quel titre inattendu — et infiniment précieux pour moi — il lui plairait de se créer un jour à ma reconnaissance[1]. Tout cela fait, mes amis, que je ne sais plus, en vérité, si c'est à un usage que je me conforme, ou à un besoin de mon cœur que je cède, en prenant la parole à mon tour. L'importance de la cérémonie d'aujourd'hui, son caractère double de distribution de Prix et d'inauguration, me serviront, je l'espère, d'excuse à vos yeux si je ne me contente pas d'un bref : *Ite, missa est !* Il n'est pas aisé d'être bref, quand on parle de ce qu'on aime....

---

1. En vertu d'une délibération du Conseil Municipal, le nom de Victor Duruy a été donné en 1904 au nouveau Collège de Bagnères-de-Bigorre.

I

Un de nos vieux chroniqueurs dit que dans les années qui suivirent la grande terreur de l'An Mil, le sol de notre France se couvrit de « la blanche parure des églises ». Surpris et heureux de vivre encore après l'échéance du jour redouté, nos pères lointains du Moyen Age faisaient ainsi monter vers le ciel, en ogives fleuries, jointes comme des mains dans la prière, leur reconnaissance et l'allégresse de leur piété naïve.

Une autre moisson lève aujourd'hui sur notre vieille terre de France : la moisson des écoles. C'est encore un acte de foi qui la fait surgir. L'article le plus essentiel du *Credo* de notre temps est peut-être l'affirmation de cette idée : que tout membre de la communauté nationale apporte en naissant le droit de recevoir au moins sa parcelle du trésor collectif de la Science.

Autant que la justice, c'est l'intérêt de cette communauté qui l'exige. De quel profit inestimable la France n'eût-elle pas été privée, si de souveraines intelligences comme celles d'un Claude Bernard, d'un Pasteur, d'un Berthelot,

d'un Victor Hugo, d'un Taine ou d'un Renan
étaient restées incultes ? C'est pourquoi la maison
où l'on apprend n'est pas moins respectable à nos
yeux que la maison où l'on prie. L'École — prenez ce mot dans son sens le plus large et entendez que je parle, en l'employant, aussi bien
du collège, du lycée, de l'université, que de la
modeste et utile maison où enseigne l'instituteur
— l'École, dis-je, est l'officine, toute-puissante
pour le bien ou le mal, où s'élaborent obscurément les destinées de la Patrie. La France de
demain, cette inquiétante France dont la figure
flotte encore, incertaine et confuse, dans les
brumes de l'avenir, c'est vous, enfants, qui la
ferez — et vous la ferez telle que nous, vos éducateurs, nous vous aurons faits vous-mêmes. Et
si je salue avec une émotion joyeuse ce beau Collège que la ville de Bagnères à son tour vient
d'avoir l'heureuse inspiration de se donner, ce
n'est pas seulement parce que j'ai des raisons
personnelles et très fortes de m'intéresser à cet
établissement : c'est aussi, c'est surtout parce
que je pense à l'essaim des jeunes intelligences
qui vont voler vers cette ruche, et qui, la trouvant
disposée à souhait, baignée d'air pur et de lumière, se nourriront avec plus d'allégresse, par-

tant avec plus de profit pour elles-mêmes et
pour le pays, de tout ce miel du savoir humain
que, sous la direction d'un chef tel que notre cher
Principal, des maîtres excellents leur y offriront
libéralement.

II

Abeilles de cette ruche, jeunes élèves qui dans
deux mois prendrez possession de votre nouveau
Collège, apprenez dès aujourd'hui à aimer la
riante maison d'étude dressée pour vous entre
le gave et la montagne, dans la saine fraî-
cheur des prairies toujours vertes de votre douce
Bigorre.

Il est, ce Collège, quelque chose de très origi-
nal — j'allais dire quelque chose d'à peu près
unique en France. La nature n'y est point traitée
en ennemie, pas même en suspecte. Elle y a
droit de cité ; elle y sera pensionnaire avec vous ;
ou plutôt, par mille secrètes influences qu'elle
sait mettre en jeu quand on veut bien ne pas
faire la sottise de l'écarter comme une intruse —
cette bonne mère participera silencieusement à

l'œuvre bienfaisante accomplie sur vous par vos
maîtres :

> Car les champs et les bois, du sage seul compris,
> Font l'éducation de tous les grands esprits[1].

L'intelligente administration municipale qui,
secondée par un très habile architecte, a doté
notre cher Bagnères de ce joyau, n'a pas — et je
me permets de l'en féliciter — reculé d'horreur à
l'idée que le murmure familier de l'Adour, ba-
vard incorrigible, se mêlerait de façon peut-être
indiscrète à la récitation de vos leçons, et, qu'à
l'heure des devoirs, le Bédat et le Monné, visi-
bles de partout, inviteraient quelquefois vos pensées à quitter la page — l'affreuse page qu'il faut
noircir ! — pour s'en aller vagabonder sur leurs
pentes ombreuses, fleuries, selon la saison, de
tulipans d'un jaune d'or, d'églantines, d'œillets
sauvages ou de roses bruyères. Mettre nos enfants, non pas dans un de ces grands bâtiments
lugubres, participant à la fois de la caserne et
de la prison, où ni le rayon de soleil, ni l'oiseau,
ni la brise n'oseraient se risquer, mais en pleins
champs, dans une maison gaie, claire, pourvue
de cours où l'air et la lumière jouent librement

1. Victor Hugo.

comme eux : voilà, Messieurs, qui constitue encore, en l'an de grâce 1904, un acte de très
grande audace.

La raison en est que nous portons sur nos
épaules, en matière d'éducation comme en d'autres, le poids du passé, sans parvenir à nous
libérer de celles des parties de cet héritage auxquelles il faudrait renoncer.

A Dieu ne plaise que je le rejette tout entier !
J'aime trop mon pays pour ne l'aimer que d'hier
— ou pour ajourner à demain le moment où il
me paraîtra digne enfin d'être aimé. Je l'aime de
toujours. Je l'aime tel qu'il fut. Je l'aimerai
encore tel qu'il sera, si je suis encore là pour
contempler dans quelque vingt ans les effets des
forces invisibles et irrésistibles qui détruisent
lentement l'ancien idéal d'un peuple et préparent
à notre insu la mystérieuse éclosion du nouveau.
Ne me demandez donc ni haine ni mépris pour
celles des conceptions de nos aïeux qui diffèrent
des nôtres. Ne me demandez pas non plus de
culte superstitieux pour elles. Je traite sans colère, mais je traite en choses mortes tout ce qui,
dans le legs du passé, a perdu le droit à la vie.
Or, tel est précisément le cas des idées de nos
pères sur l'éducation.

III

Savez-vous, mes chers jeunes amis, ce qu'était un collège il y a moins de quatre siècles, au temps du roi François Ier? Je vais essayer de vous l'apprendre.

En ce temps-là, l'Église est encore l'unique dispensatrice du savoir, comme au Moyen Age. Nous lui devons une grande reconnaissance pour le service qu'elle a rendu en conservant, en entretenant tant bien que mal pendant de longs siècles, après la chute de l'Empire romain, le peu qui restait alors du foyer de la civilisation grecque et latine : pauvre petite flamme sacrée, que menaçaient d'éteindre les grands souffles de barbarie déchaînés sur le monde avec les invasions.

Éducatrice universelle, l'Église a répudié le sage et fondamental précepte dont l'application avait formé ces admirables citoyens des républiques antiques. Rome, après la Grèce, avait professé que la santé du corps est la condition de la santé de l'esprit: *mens sana in corpore sano*. L'Église ne pouvait guère s'inspirer d'une semblable doctrine. L'équivalence du corps et de l'esprit, affirmée par la maxime latine, indignait son ardent idéalisme. Le corps, à ses yeux, c'est la vile matière, c'est la chair ; la chair, c'est l'éternelle tentatrice qui conspire la perdition de l'âme, c'est la mère féconde du péché ; l'Église, donc, qui a juré guerre à mort au péché, traite logiquement le corps en ennemi, et s'ingénie à lui prouver sa défiance et sa haine.

*
* *

Sa pédagogie est fondée sur la crainte. « *Les enfants sont méchants et incorrigibles*, disait au XIe siècle un abbé à saint Anselme. *Jour et nuit nous ne cessons de les frapper et ils empirent toujours !* » Étrange aveu, dans la bouche d'un prêtre, d'un homme dont le Maître avait prononcé la douce parole : « *Laissez venir à moi les petits enfants !* »

La discipline à laquelle on soumet alors le petit monde turbulent et joyeux des écoliers, c'est un instrument de supplice, c'est le fouet qui est chargé d'en inspirer le respect. Vainement le bon saint Anselme et, après lui, un illustre docteur de l'Église de France au XVe siè-

cle, Gerson, protestent contre cette pratique barbare : le fouet demeure, le fouet règne, et la
seule différence entre celui qu'on employait au
temps de saint Anselme et celui du xve siècle,
est que le second dépasse en longueur le premier. Le fouet était, vous le voyez, du petit
nombre de ces institutions heureuses qui gran-
dissent dans l'estime de ceux au bonheur de qui
elles sont destinées.

Et malheur au maître qui se refuse à croire
que la brutalité du tortionnaire figure au nombre
des mérites requis pour être un bon éducateur !
On lui fait payer cher le tort de se montrer
réfractaire au dogme de l'efficacité pédagogique
d'une bonne lanière effilée, appliquée où il faut :
je vous laisse, mes amis, le soin de préciser l'en-
droit. Nous possédons encore un rapport con-
cernant un certain Lejeune, professeur à Genève,
dans lequel ce brave homme est signalé comme
coupable de ne point fouetter suffisamment ses
élèves. Je crois être l'interprète des sentiments,
au moins de la partie enfantine de mon audi-
toire, en adressant à l'âme sensible de Lejeune
les plus chaleureuses félicitations des élèves du
Collège de Bagnères !

Et ne croyez pas que cet usage du fouet soit

accidentel ou local. C'est la règle ; une règle que
beaucoup de gens à tempérament conservateur
ont dû, n'en doutez pas, regarder à cette époque
comme intangible et sacro-sainte. Écoutez le
grand Rabelais parlant du collège de Montaigu
où il a fait ses études, et qui était l'un des plus
célèbres de la ville de Paris : « *Mieux sont traités
les forçats parmi les Maures et Tartares, les meur-
triers en la prison criminelle, voire, certes, les
chiens en votre maison, que ne sont les écoliers au-
dit collège.* » — Élève, en 1539, du collège de
Guyenne, à Bordeaux, qui passait, nous dit-il
expressément, pour « *le meilleur de France* »,
Montaigne n'hésite pas à porter sur les collèges
de son temps un jugement plus sévère encore
que celui de Rabelais : « *Ce sont vraies geôles de
jeunesse captive. Vous n'entendez que cris et d'enfants suppliciés et de maîtres enivrés en leur colère...
Au lieu de convier les enfants aux Lettres, on ne
leur présente qu'horreur et cruauté...* » Montaigne
ajoute même à cette peinture accusatrice un trait
dont la précision rend inoubliable son témoignage. Les maîtres, nous dit-il, « *enseignent d'une
trogne effroyable, les mains armées de fouets* ».
Successeurs de ces « régents » redoutables, nous
avons abandonné les fouets, sans regret, n'en

doutez pas ! Les « *trognes effroyables* » que Montaigne attribue à nos collègues du xvie siècle, ont-elles disparu, de même que les fouets ? Laissez-moi, mes chers amis, me flatter, comme professeur, de cette espérance réconfortante !

*
* *

Dans ces « *collèges de pouillerie* », comme dit encore Rabelais — mot dont la suggestive concision me dispensera d'entrer en de plus longs détails sur la part qui pouvait être faite dans ces maisons à la propreté et à l'hygiène — dans ces collèges, sont entassés des jeunes gens auxquels une attitude humble est imposée quand ils parlent à leurs maîtres.

C'est assis par terre, dans la poussière et la saleté, qu'ils écoutent les leçons. L'hiver, on donne à ce bétail un peu de litière et largesse de quelques bottes de paille leur est faite pour s'asseoir.

Chose à peine croyable, c'est seulement au xve siècle que les bancs, de modestes bancs de bois, firent leur apparition. Mais les austères gardiens des vieux usages veillaient, — ils veillent toujours, c'est leur fonction propre de veiller ! — et S. E. le Cardinal d'Estouteville, chargé d'une réforme de l'Université de Paris, jugea à propos de supprimer, en 1452, ce luxe corrupteur, « *afin*, déclara ce prince de l'Église en une belle phrase latine, *d'écarter du cœur des jeunes gens toute tentation d'orgueil.* »

Était-ce aussi pour leur enseigner l'humilité ?... Certains écoliers servent à table pendant les repas leurs maîtres qui, en retour, distribuent à ces écuyers tranchants leurs vieux habits et leurs vieilles chaussures.

Je ne demande pas, croyez-le bien, le rétablissement de l'usage aboli de ces munificences ! Mais ces mêmes maîtres, dont la défroque passait sur les épaules de leurs élèves, ne dédaignaient pas de jouer avec eux : ce qui me paraît indiquer dans les relations alors existantes entre les uns et les autres, quelque chose de familial dont nous n'aurions pas dû laisser se perdre un peu la tradition — soigneusement conservée dans des maisons qui ne sont pas les nôtres.

Ce même caractère familial apparaît encore dans d'autres traits propres à la vie de collège du XVIᵉ siècle. Des écoliers pauvres, afin de gagner quelque argent, balayent, ramassent les ordures, se mettent au service d'un camarade

6

riche, d'un professeur, d'un collège même, — et
nul ne s'en étonne, car on est en famille. En 1557,
les importantes fonctions de cuisinier étaient
remplies, au collège d'Autun, par un élève.
L'histoire ne dit pas si cet écolier fort en sauces
faisait danser l'anse du panier : antique et respectable usage qui, n'en doutez pas, existait déjà
de son temps.

IV

Le principal, si ce n'est même le seul mérite
du discours d'un président de distribution de
Prix est de finir — et je n'en finirais pas, mes amis,
s'il me fallait, après avoir exposé la vie des écoliers dans nos maisons d'éducation, il y a trois
siècles, vous parler avec quelque détail de l'enseignement qui leur y était administré.

Cet enseignement — *la scolastique* — régnait
encore en maître incontesté au temps où fut
fondé votre ancien Collège, c'est-à-dire vers 1544.
Pauvre ancien Collège! Voilà qu'un remords me
vient de ne vous avoir parlé que de son jeune et
pimpant successeur. Les vieux serviteurs ont
droit à une bonne parole d'adieu quand on est

obligé de se séparer d'eux. Je vous propose de
lui accorder cette aumône. Remercions-le donc,
ne fût-ce que d'avoir prêté à plusieurs générations de vos devanciers l'ombre fraîche — qui
vous manquera peut-être, certains après-midi
d'été, — de ses platanes centenaires.... Je ne
trouve guère, en vérité, d'autre raison pour
vous de le regretter en le quittant. Mais aussi,
pourquoi était-il humide, noir et délabré? Pourquoi sa lamentable, sa croulante vétusté avait-
elle le tort de vous imposer l'obligation de vivre
dans un décor de mélancolie où j'estime que
c'est chose contre nature d'enfermer la jeunesse?
Pourquoi n'avait-il pas même ce je ne sais quoi
d'hospitalier, cette bonne grâce, ce pâle sourire
qu'ont quelquefois les vieilles choses comme
les vieilles gens? — Je le sais, mes amis; et je
vais vous le dire. C'est que votre ancien Collège
était hanté; c'est qu'une âme sombre et triste y
revenait, glissait le long de ses vieux murs rongés
par le salpêtre. Et cette âme morose dont il était
imprégné, à laquelle il devait son aspect maus-
sade, c'était l'âme même de cette *scolastique* à
laquelle il avait pendant si longtemps donné
asile, et dont il me reste à vous dire au moins
quelques mots.

⁎
⁎ ⁎

La journée de travail commençant pour les
écoliers à 4 heures du matin et finisssant à
8 en hiver, à 9 en été, — ce qui ne paraissait pas
encore suffisant à tout le monde [1]; trois exercices
religieux par jour, messe, vêpres et complies,
mais ni leçons de choses, ni langues vivantes,
ni musique, ni arts manuels, ni exercices phy-
siques; le commentaire servile d'un texte d'Aris-
tote — texte presque aussi sacré que la Bible ! —
remplaçant l'observation libre et directe de la
nature; toute curiosité d'esprit, toute recherche
personnelle et indépendante interdites; les intelligences figées dans la contemplation et
l'étude stériles d'un credo scientifique im-
muable et vieux de dix-sept cents ans; une
subtilité sophistique développée aux dépens du
bon sens par des exercices de dialectique d'une
ingénieuse niaiserie : tels étaient les traits essentiels de l'enseignement scolastique. C'est

1. « *Je crains bien*, écrivait Théodore de Bèze au père d'un
de ses élèves, *qu'il ne sorte jamais rien de bon de votre fils, car,
malgré mes prières, il ne veut pas travailler plus de quatorze
heures par jour.* »

ainsi, mes amis, que l'œuvre de l'éducation était comprise et pratiquée jadis ; c'est à un pareil régime qu'étaient soumis de jeunes Français dont une dizaine de générations à peine vous séparent.

A ceux de nos contemporains qui nient le progrès — le nier est la consolation des gens qui n'osent pas avouer qu'ils le haïssent — demandez, je vous prie, de comparer cette pédagogie brutale et stupide avec nos présentes méthodes d'enseignement. Tout n'y est pas parfait, sans doute. Mais elles révèlent au moins le souci de la dignité humaine, l'intelligente déférence aux lois qui régissent le fonctionnement des jeunes cerveaux, la compréhension et le respect du dualisme essentiel qui est dans l'homme, corps et esprit à la fois : toutes choses que méconnaissait outrageusement l'ancien système d'éducation. Si les panégyristes obstinés du temps qui n'est plus sont gens de bonne foi, ils devront convenir que — en matière d'éducation tout au moins — ce présent qu'ils se plaisent à décrier vaut infiniment mieux que leur cher passé.

V

Dans le beau Collège que nous inaugurons
aujourd'hui, rien ne vous rappellera ces affreuses
« *geôles de jeunesse captive* » que je vous décrivais
tout à l'heure. Doucement, librement, comme
les fleurs des champs vos voisines, qu'aucune
dure contrainte ne force à ouvrir leurs corolles,
vos intelligences s'épanouiront, dans la joie, à la
noble vie de l'esprit. Vous sentirez quelque
chose de très doux et de très tendre flotter autour
de vous : cet effluve, mêlé aux parfums épars de
votre vallée natale, c'est, mes amis, laissez-moi
vous l'apprendre, l'amour de votre ville, l'amour
de votre patrie qui vous enveloppera, vous cou-
vera maternellement, parce que vous êtes cette
chose énigmatique mais charmante, la jeunesse,
dans laquelle se lève l'aube de l'avenir — cet
avenir que nos yeux voudraient au moins entre-
voir avant de se fermer, et dont ils cherchent
anxieusement les premières lueurs dans les
vôtres.

Au-dessus de la porte de cette maison qui est
la vôtre, un nom est inscrit en grandes lettres

d'or. Une pudeur, que vous comprendrez, m'em-
pêche de laisser trop paraître devant vous les sentiments que m'inspire le souvenir infiniment cher
de celui qui le porta. Je me contenterai de vous
dire que ce nom — auquel vient d'être rendu un
hommage dont je suis profondément touché —
est celui d'un bon serviteur de la France et de la
démocratie, qui travailla beaucoup pour elles.

Quand vos regards se poseront sur les lettres
— reluisantes à votre clair soleil pyrénéen —
du nom dont je parle, je souhaite, mes amis,
qu'il vous apparaisse entouré comme d'un nimbe
par ces trois mots : Science, Liberté, Patrie. Je
ne vous interdis pas d'y ajouter celui d'Humanité : à la condition toutefois que l'amour de
l'Humanité laisse intact et robuste en vous l'instinct profond, l'instinct salutaire qui vous ordonne impérieusement d'aimer par-dessus tout
la France, et qui ne vous trompe pas en vous
disant que c'est là le plus sacré de vos devoirs.

Science, Liberté, Patrie : telle fut la trinité
auguste à laquelle ce bon citoyen avait voué sa
vie, la devise à laquelle il resta immuablement
fidèle. Et puisque la ville de Bagnères a fait à
son nom l'honneur de l'inscrire sur la façade de
votre nouveau Collège, à vous, mes amis, je

demande de graver dans vos cœurs, si profondément que rien ne puisse l'en effacer jamais, la
devise de Victor Duruy.

Munis de ce viatique, vous pourrez affronter
cette chose obscure et redoutable qu'est l'existence humaine, avec de suffisantes raisons de
vivre, par conséquent d'agir. Au milieu des
ténèbres où errent misérablement ceux que rien
n'aide, ici-bas, à marcher vers un but, prenez
pour directrices les grandes idées que renfer-
ment ces trois mots : et soudain trois phares
lumineux éclaireront votre route.

TABLE DES MATIÈRES

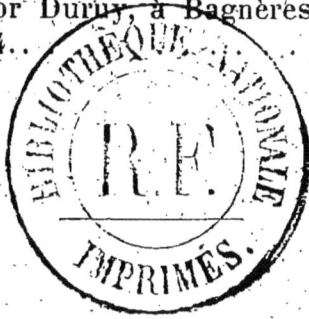

59 656. — PARIS, IMPRIMERIE GÉNÉRALE LAHURE

9, rue de Fleurus, 9

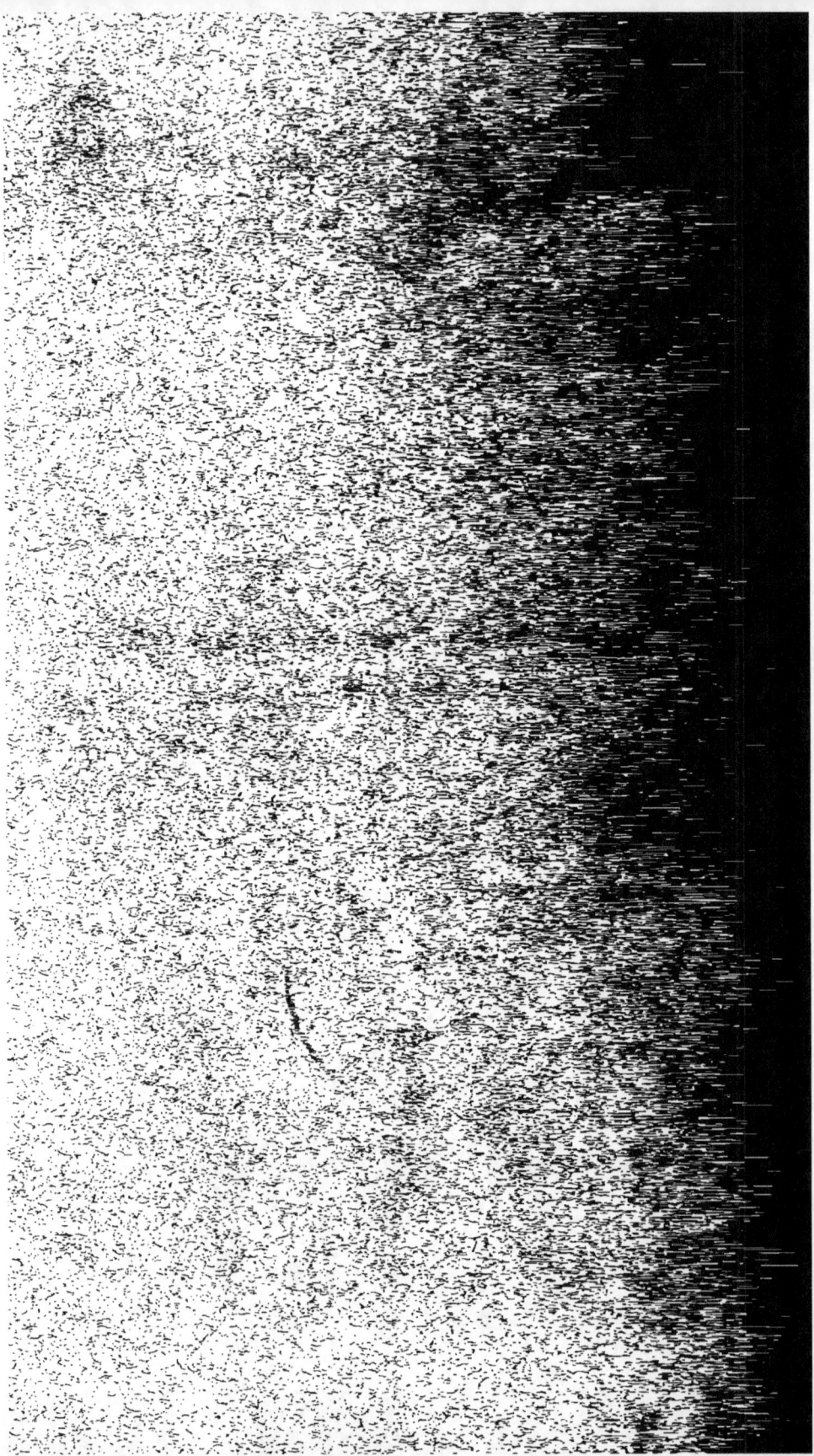

www.ingramcontent.com/pod-product-compliance
Lightning Source LLC
LaVergne TN
LVHW050631090426
835512LV00007B/794